RACCOLTA DISEGNI

Collection of drawings

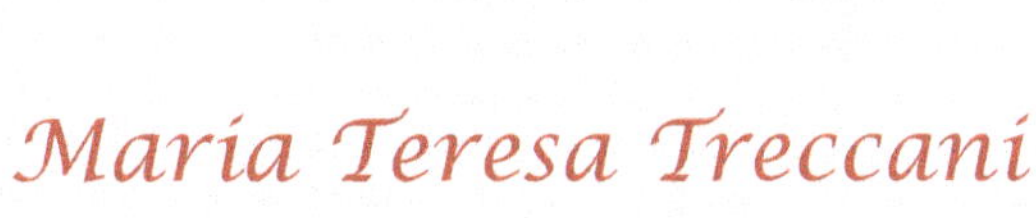

Maria Teresa Treccani

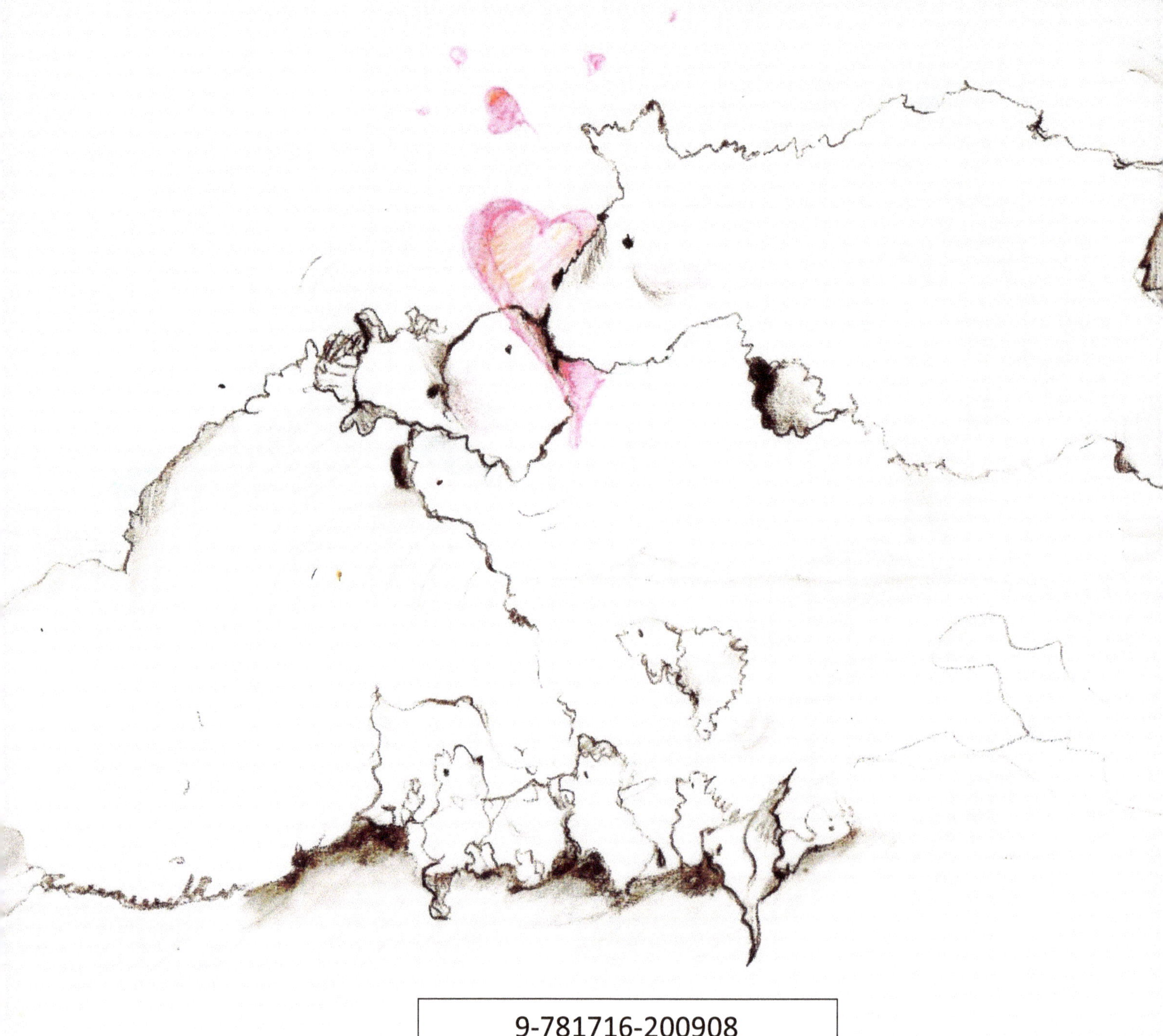

9-781716-200908

© Marchio editoriale: Lulu.com

Anno 2021

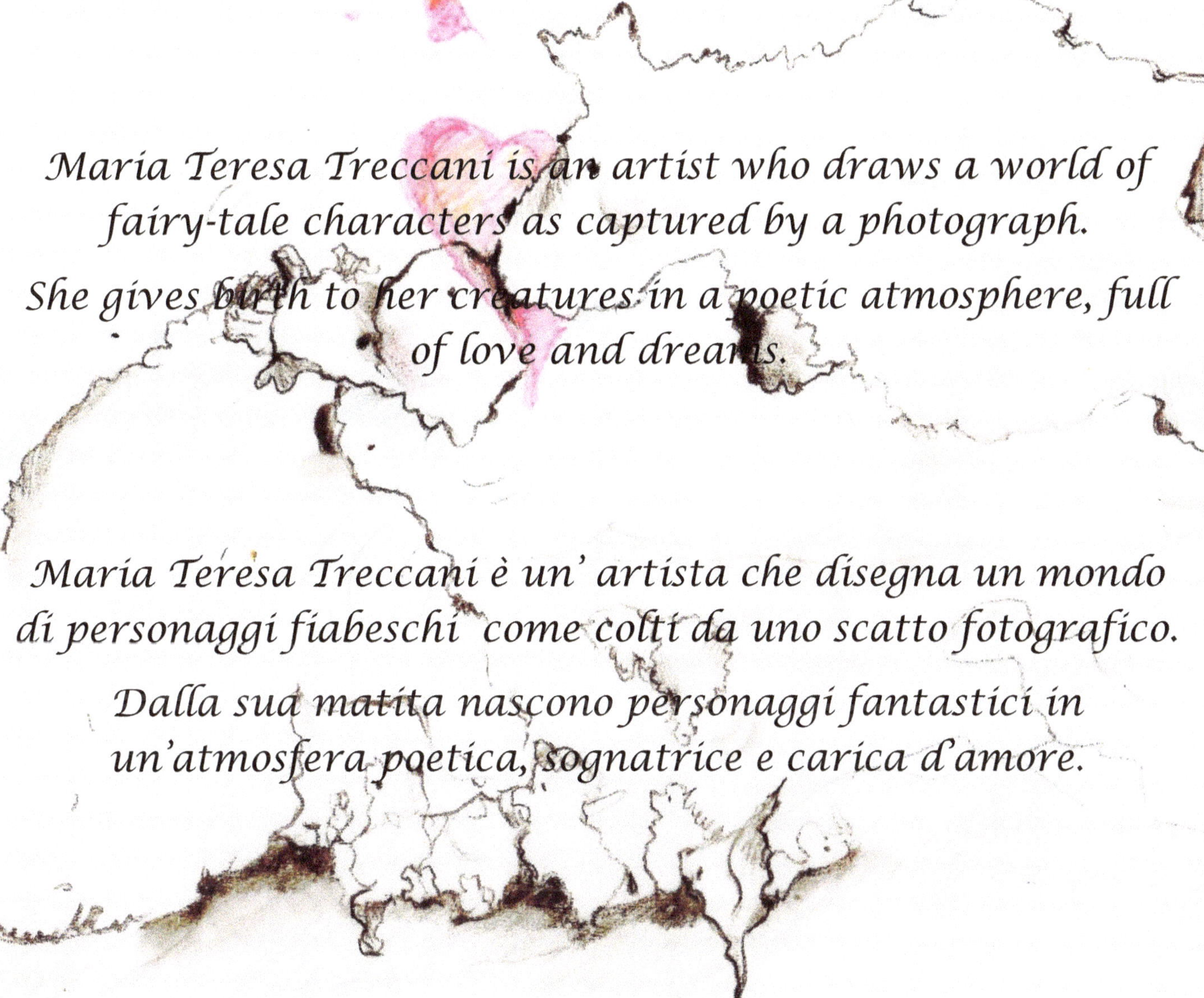

Maria Teresa Treccani is an artist who draws a world of fairy-tale characters as captured by a photograph.

She gives birth to her creatures in a poetic atmosphere, full of love and dreams.

Maria Teresa Treccani è un' artista che disegna un mondo di personaggi fiabeschi come colti da uno scatto fotografico.

Dalla sua matita nascono personaggi fantastici in un'atmosfera poetica, sognatrice e carica d'amore.

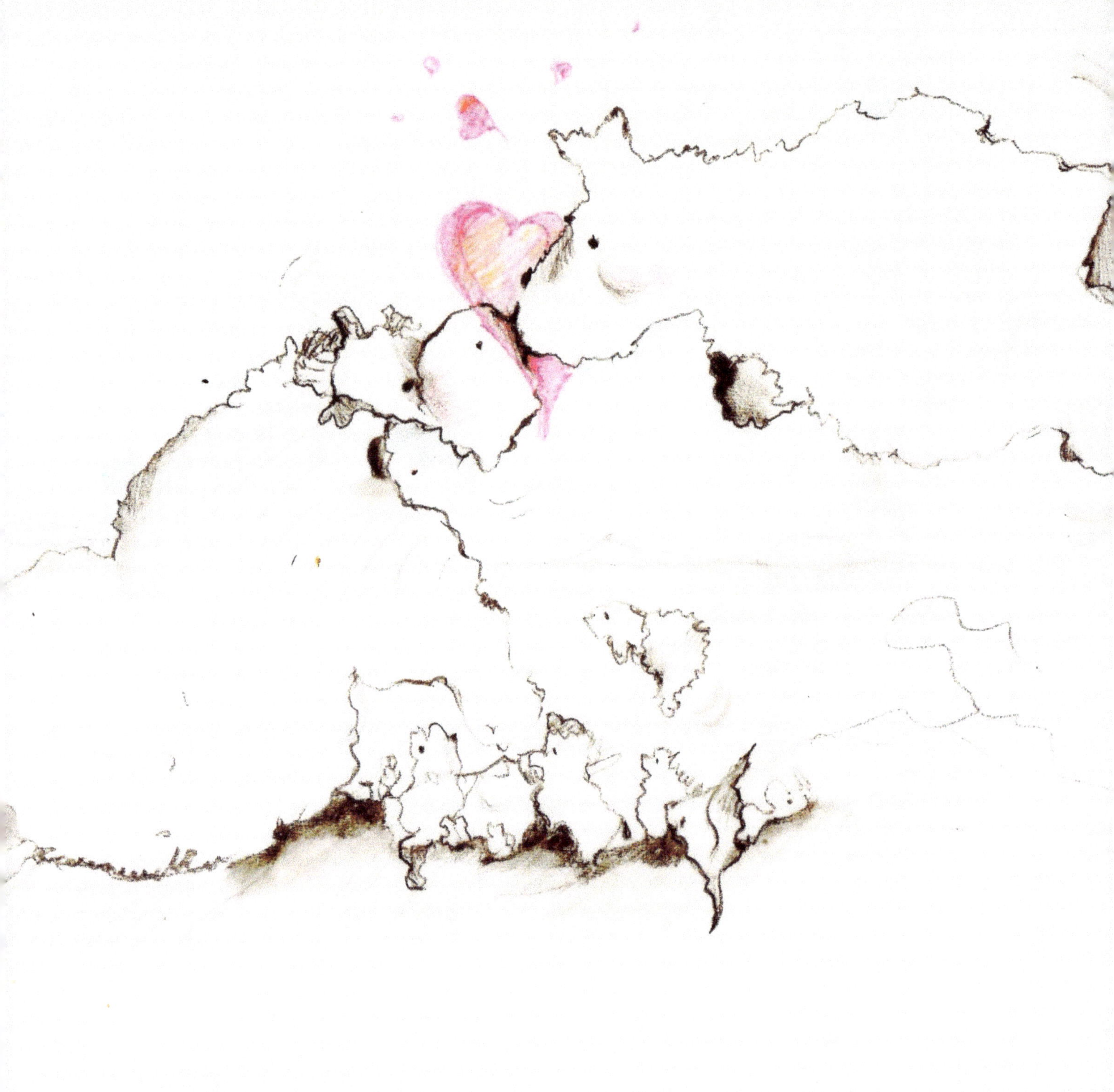

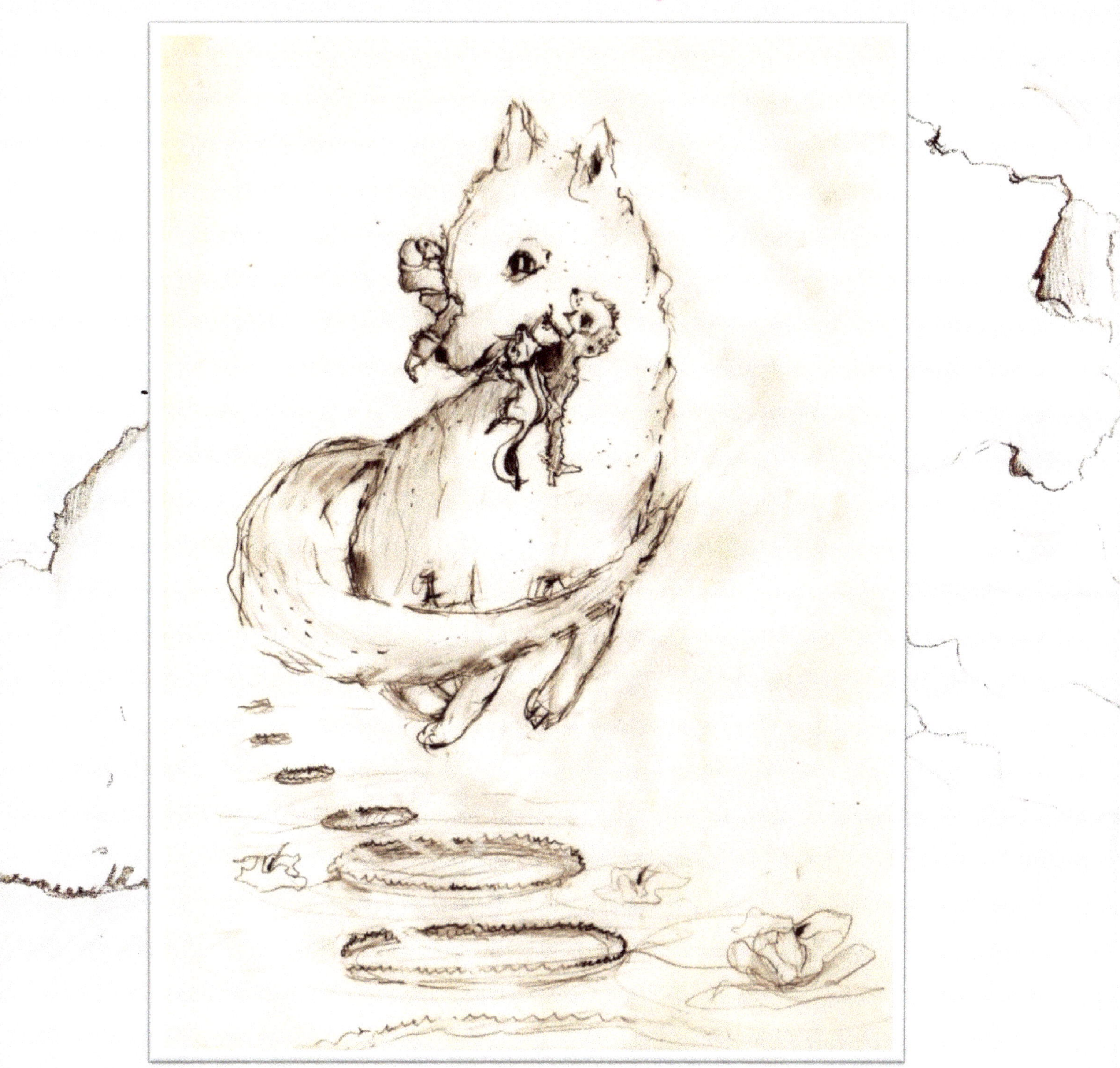

La volpe - The Fox

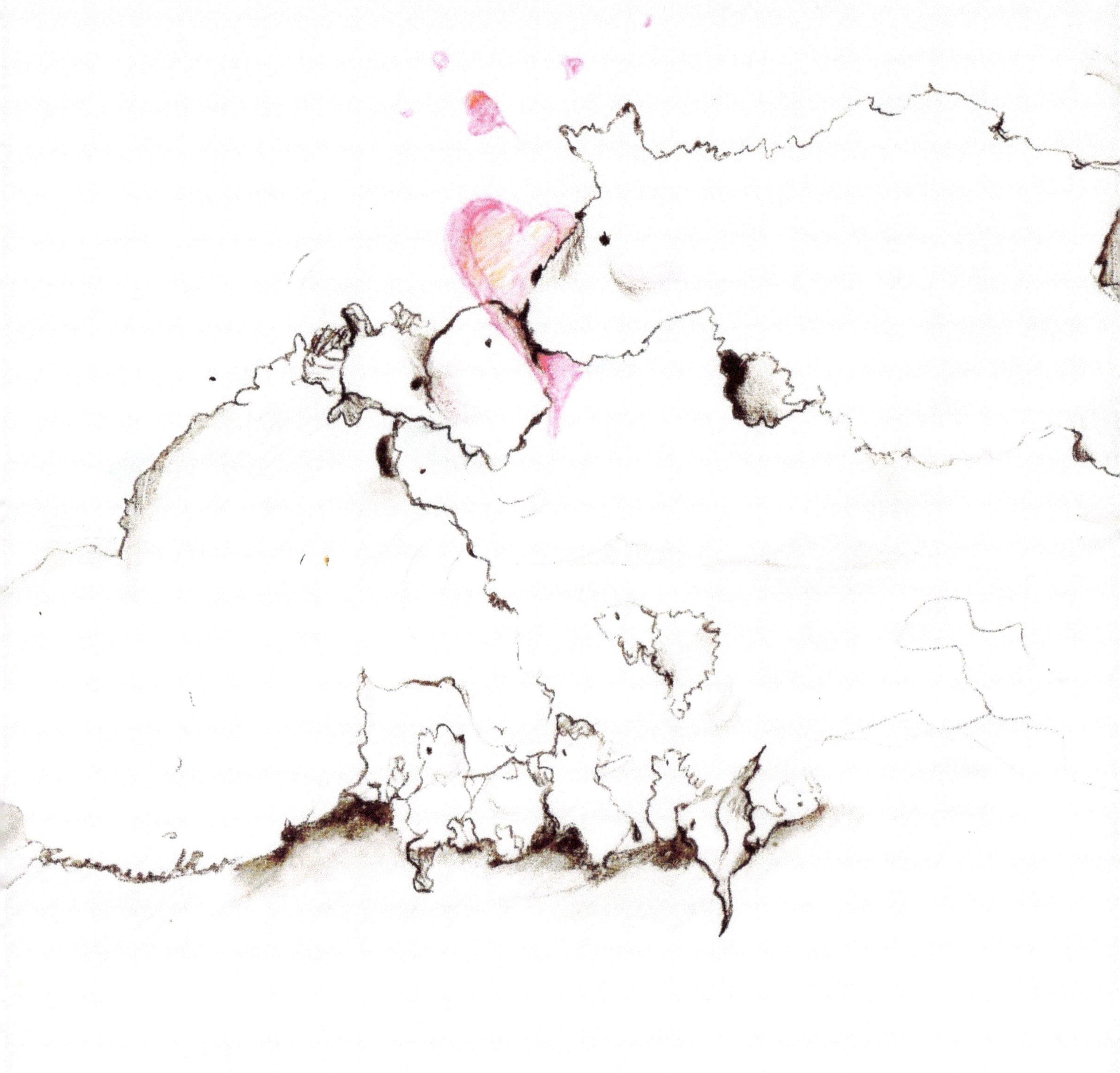

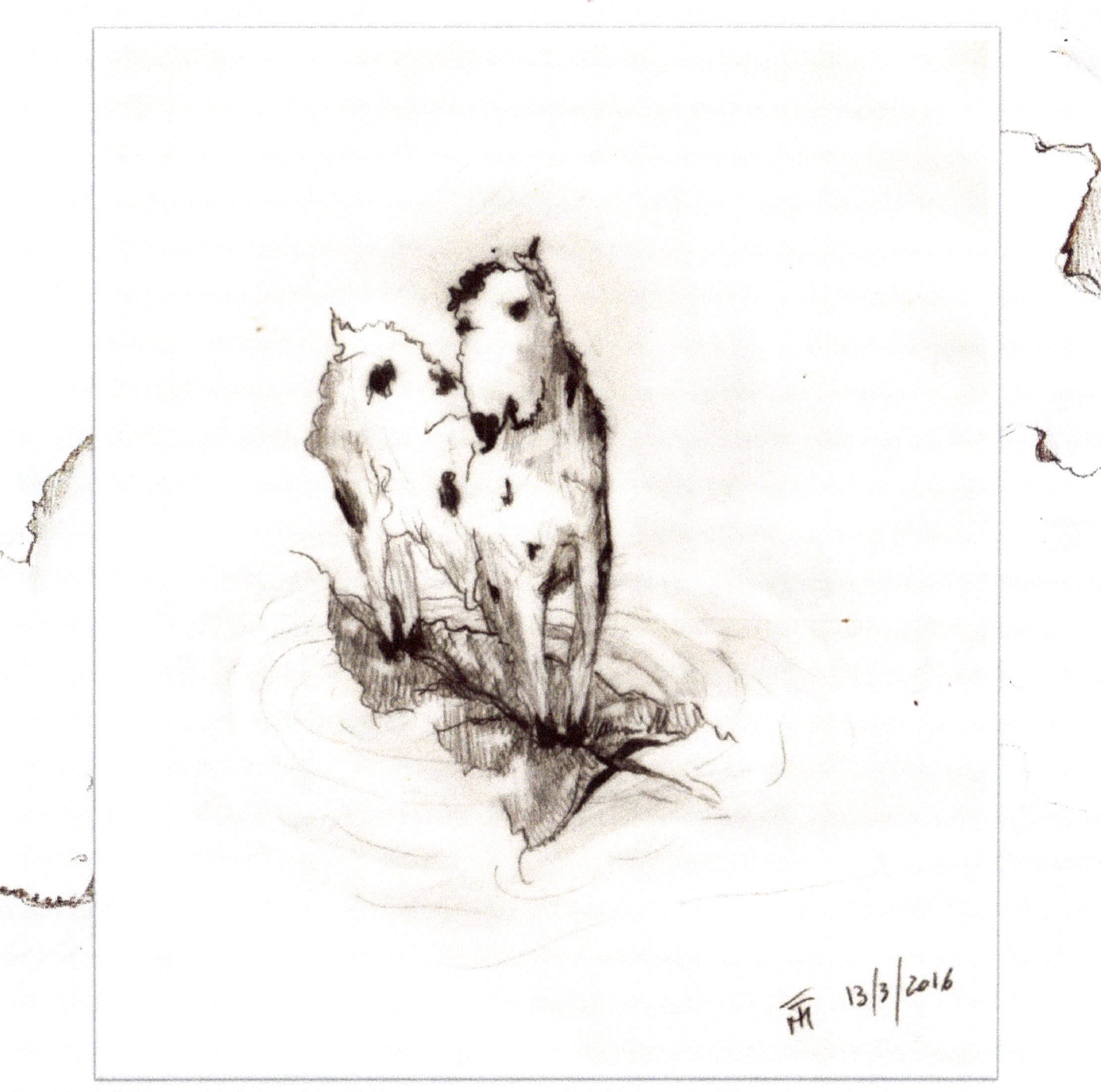

Viaggiare a pelo d'acqua – Travelling on water

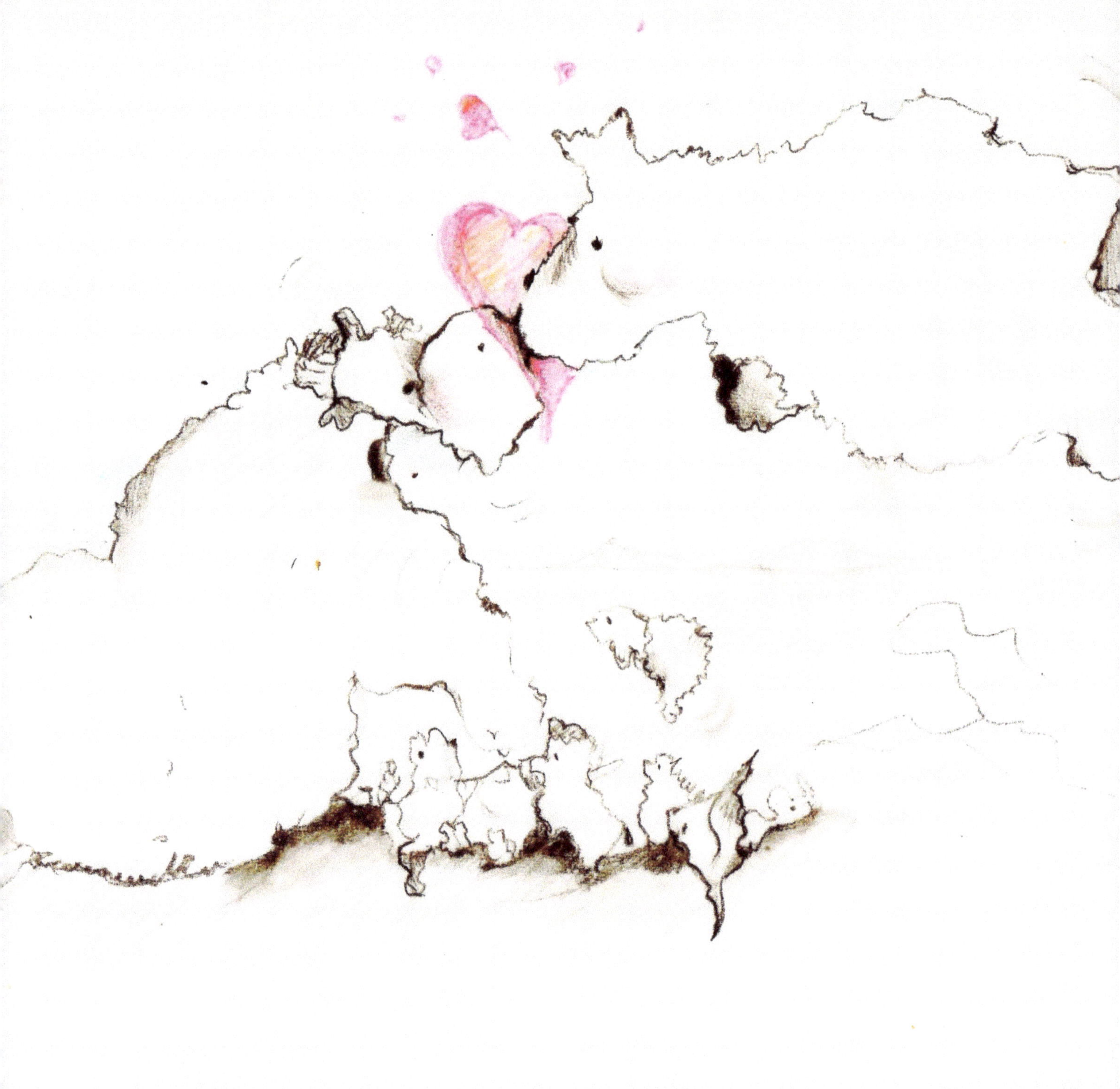

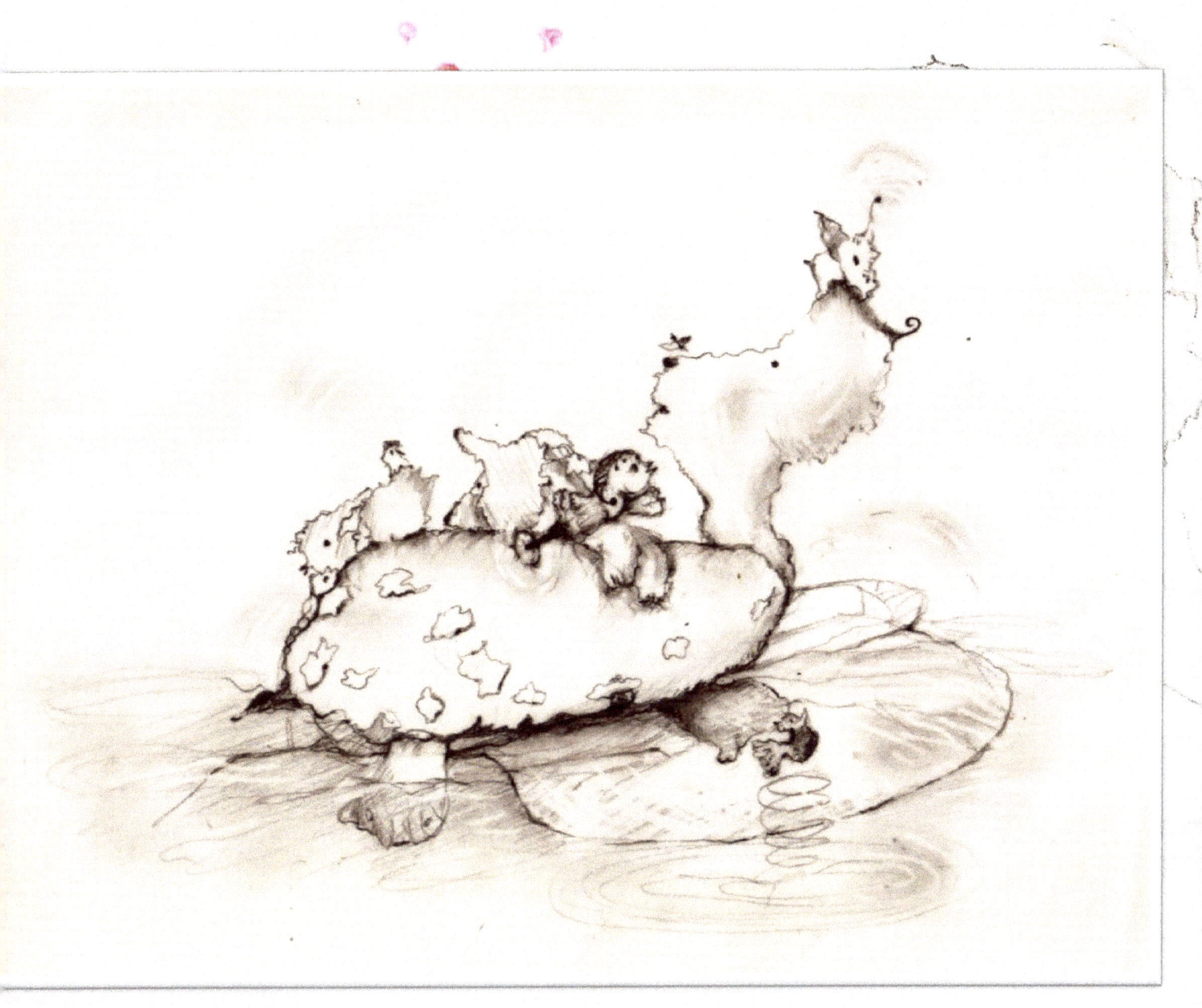

La tartarugabus - The turtlebus

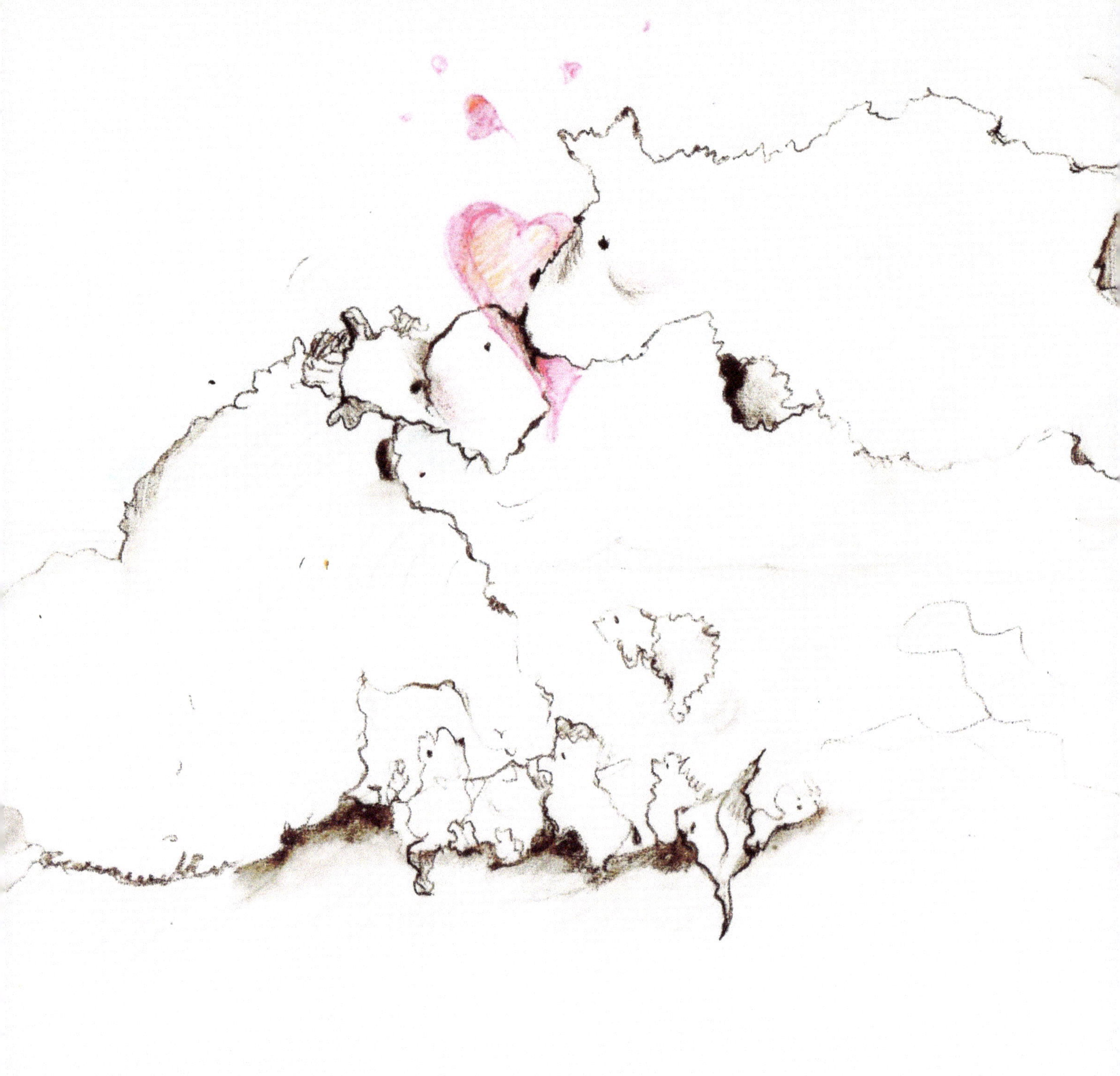

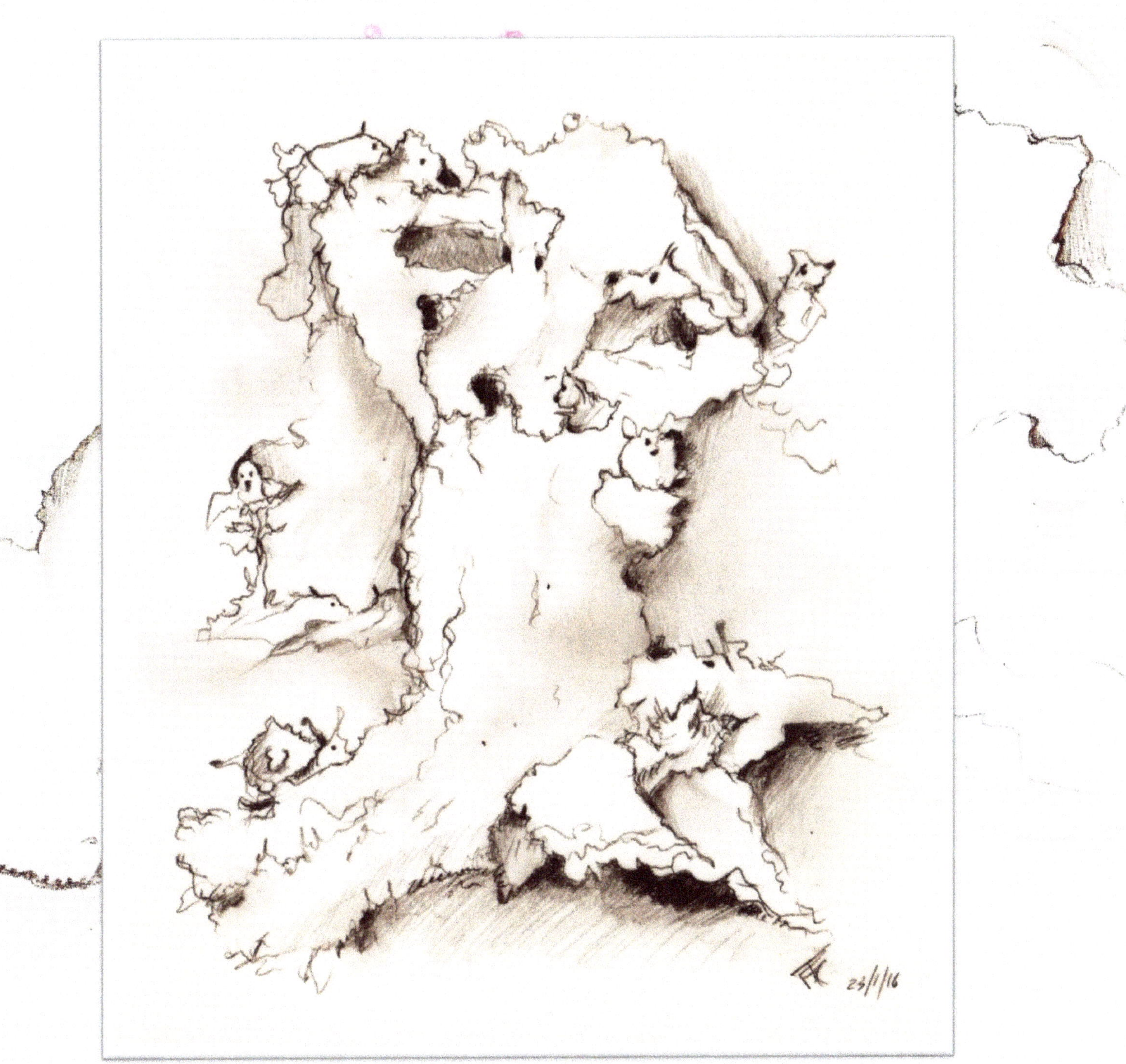

Il cantastorie - The storyteller

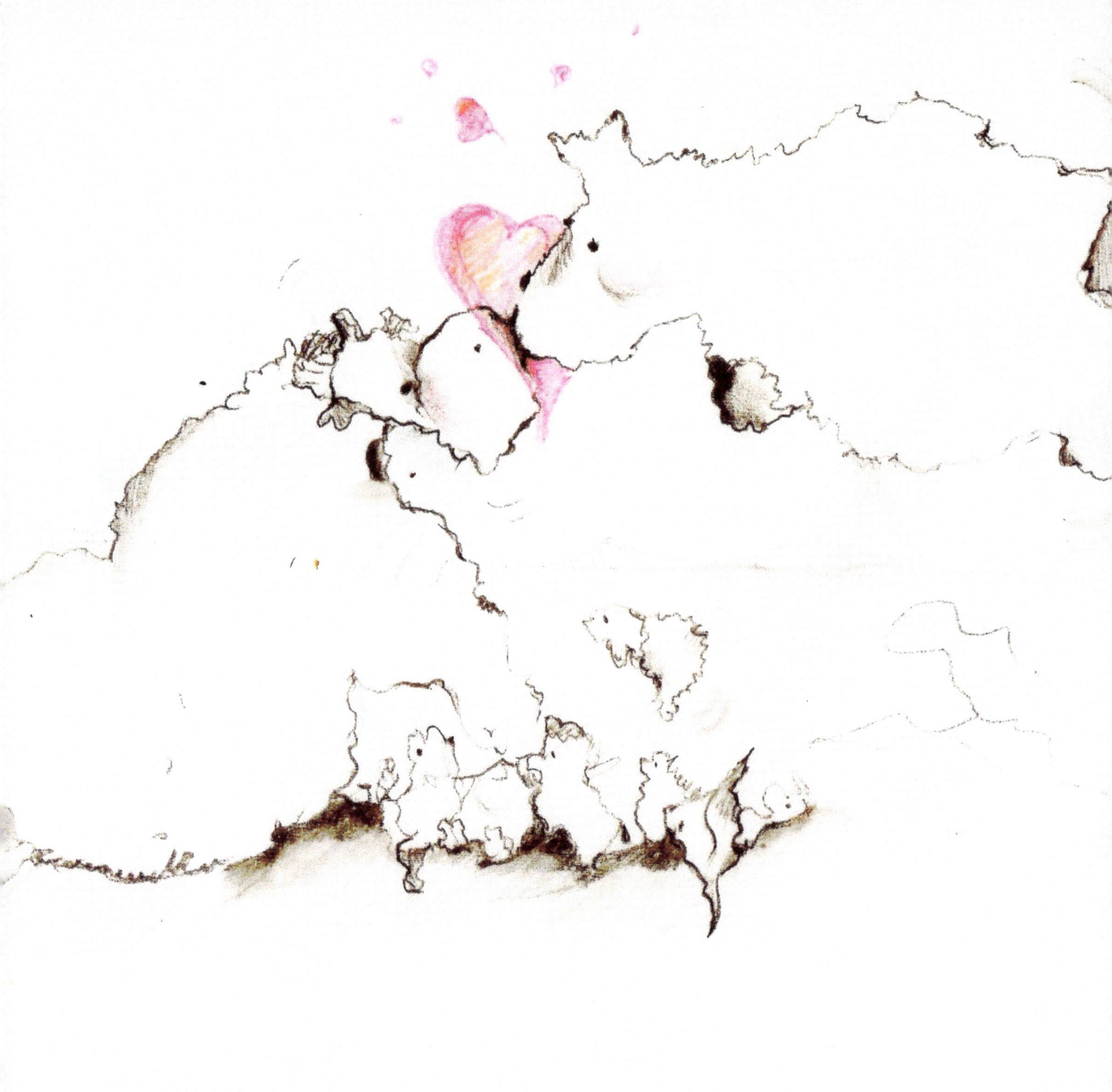

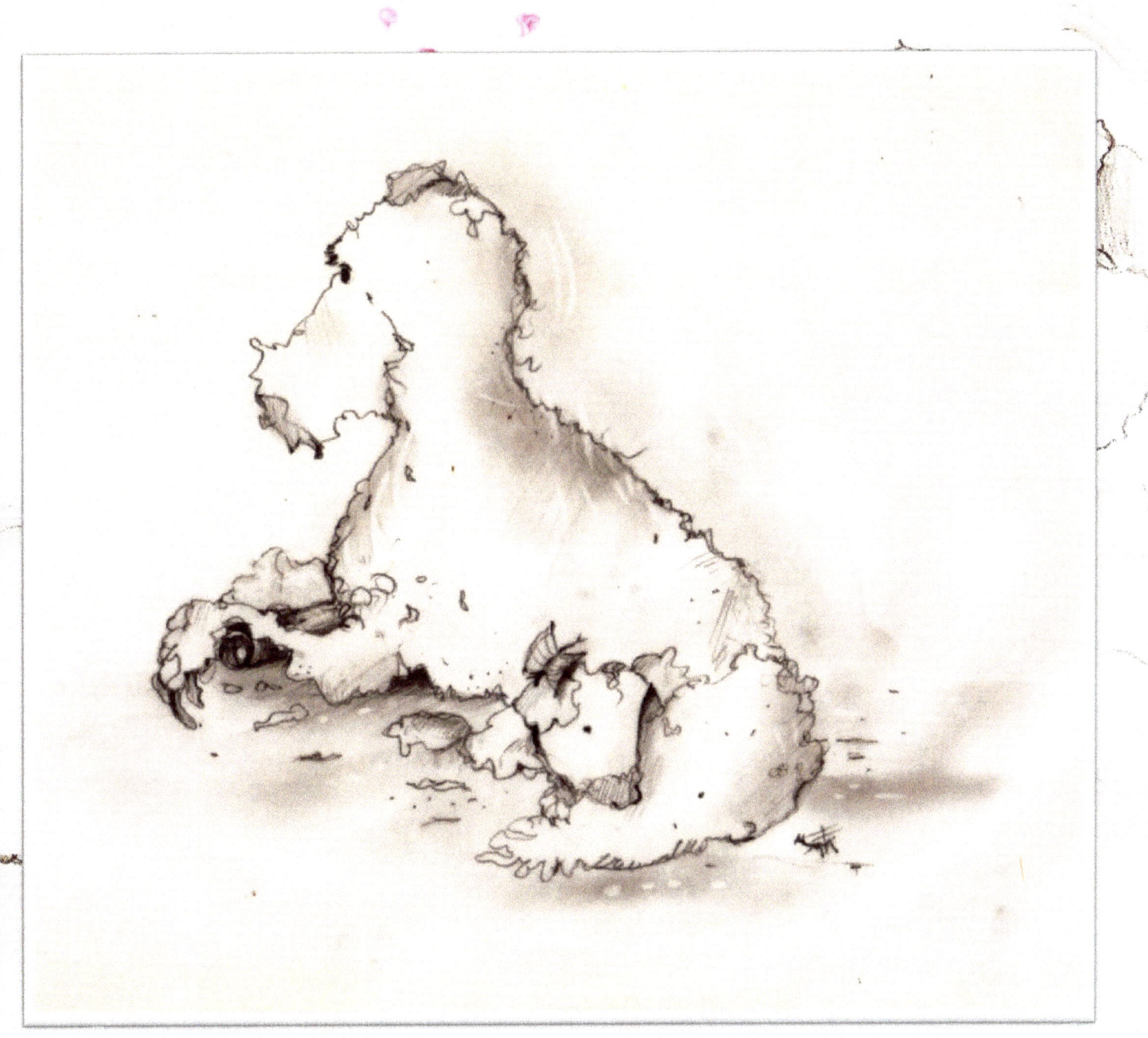

Il cucciolo e il suo primo amico - The puppy and his first friend

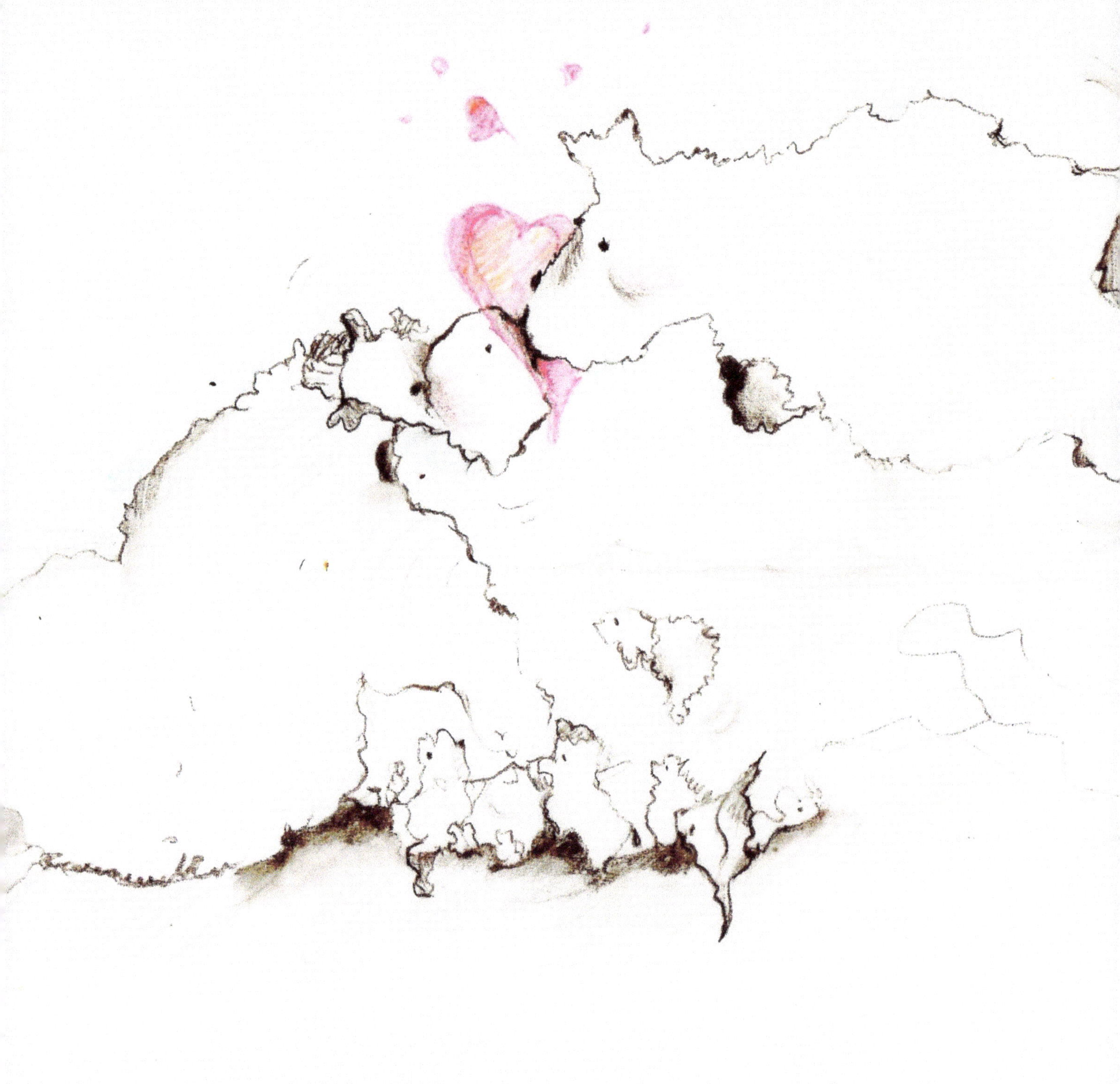

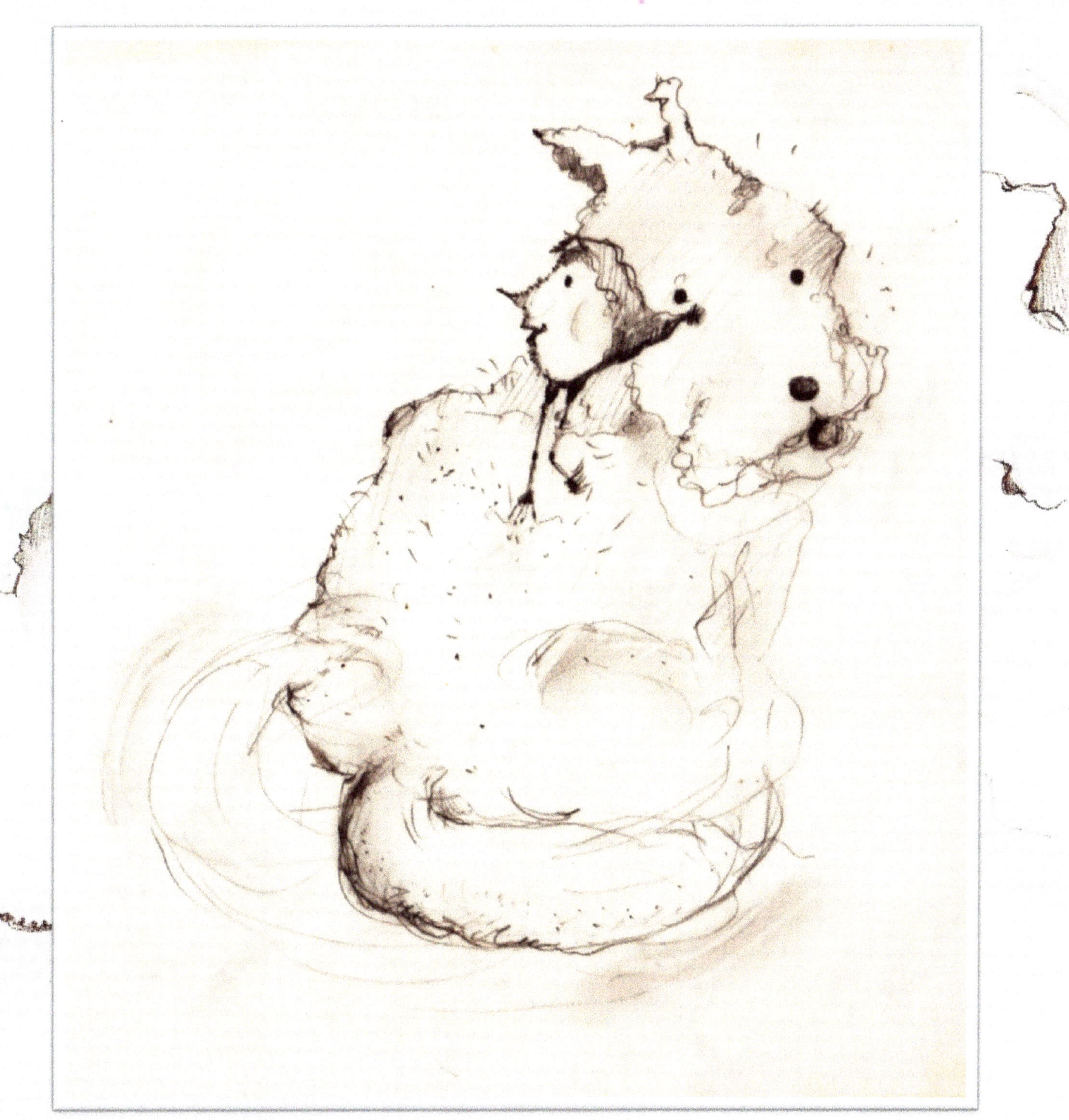

Coccole - Cuddles

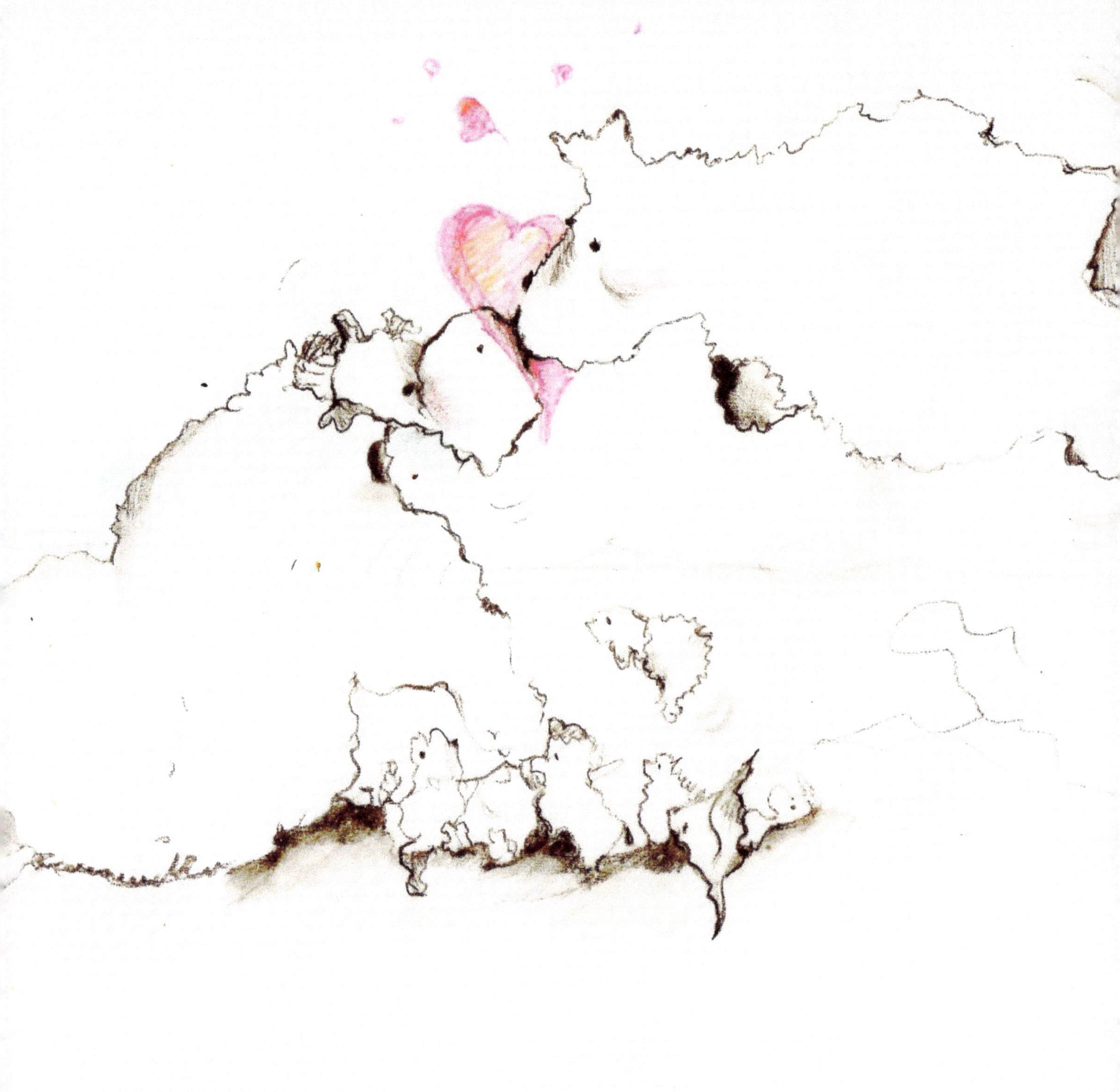

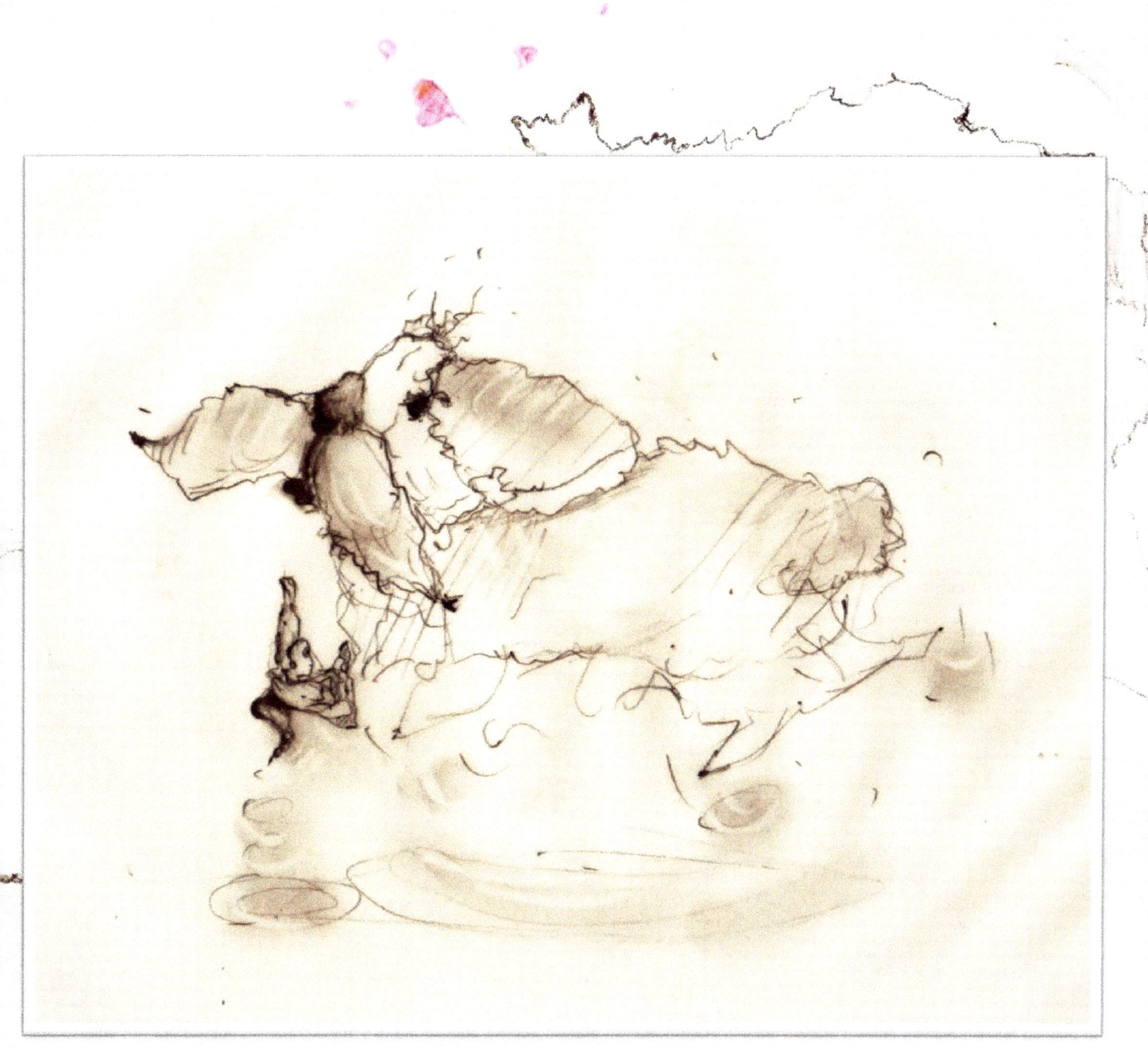

Corso di ballo - Dance course

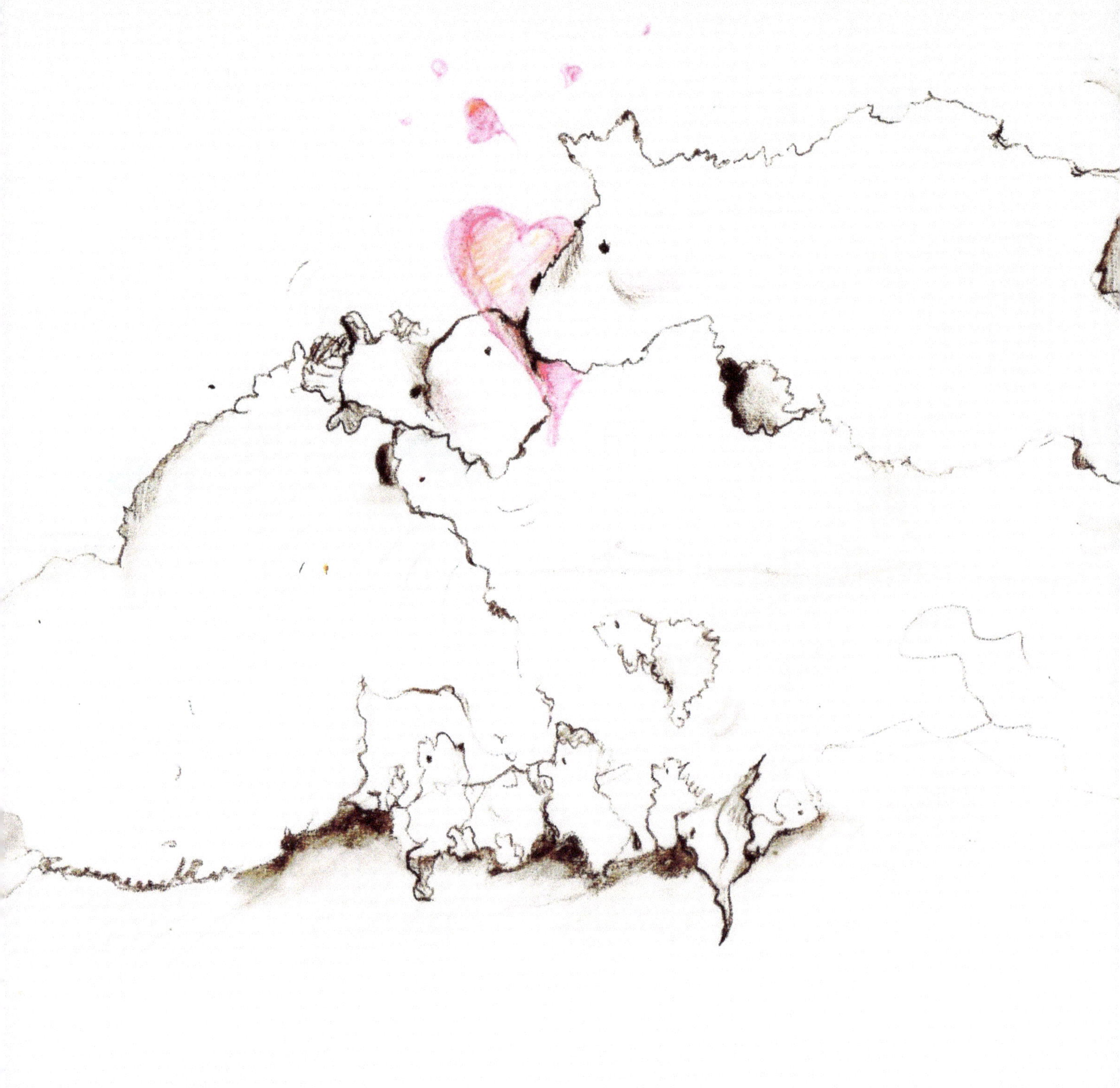

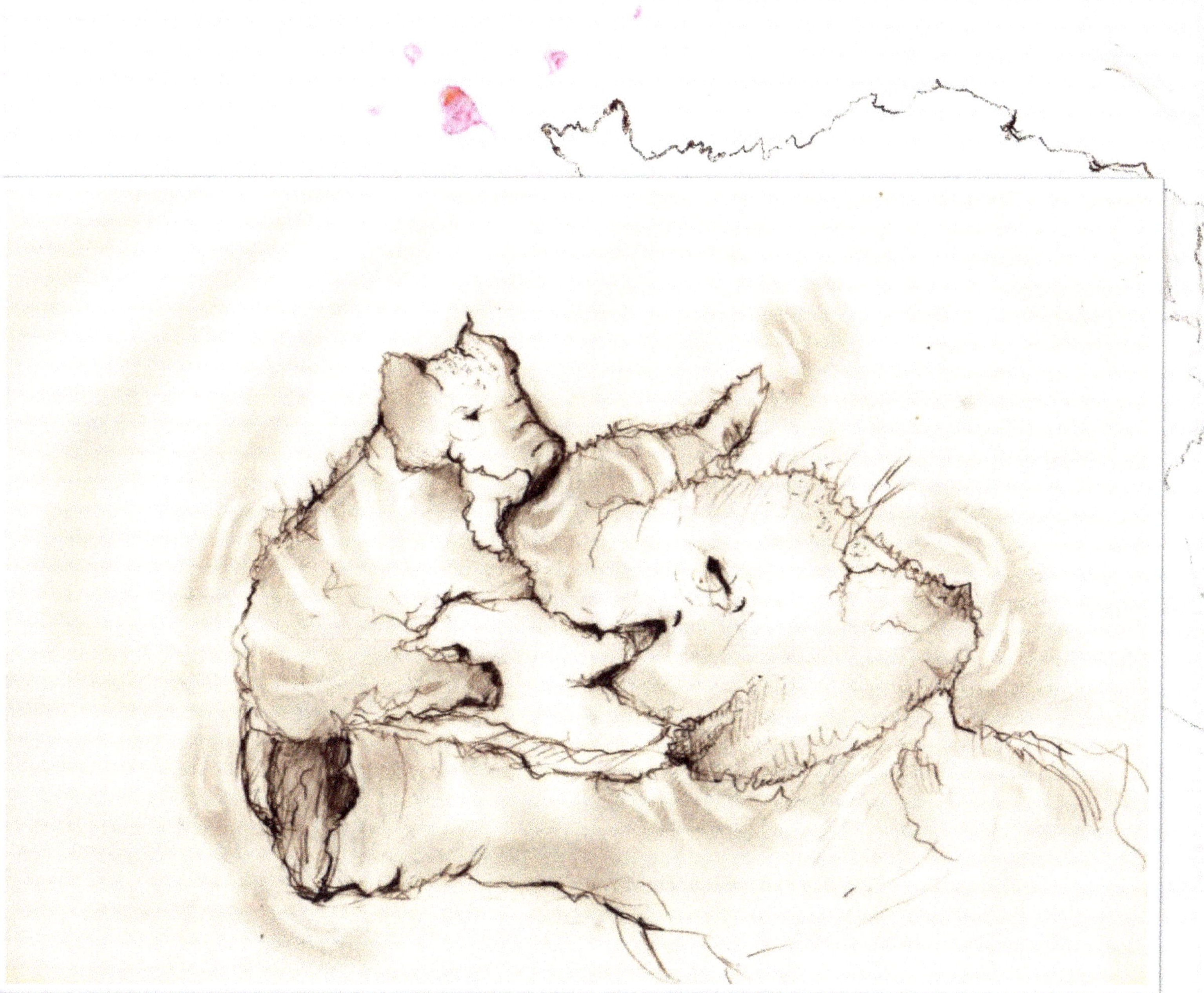

Abbraccio - Hug

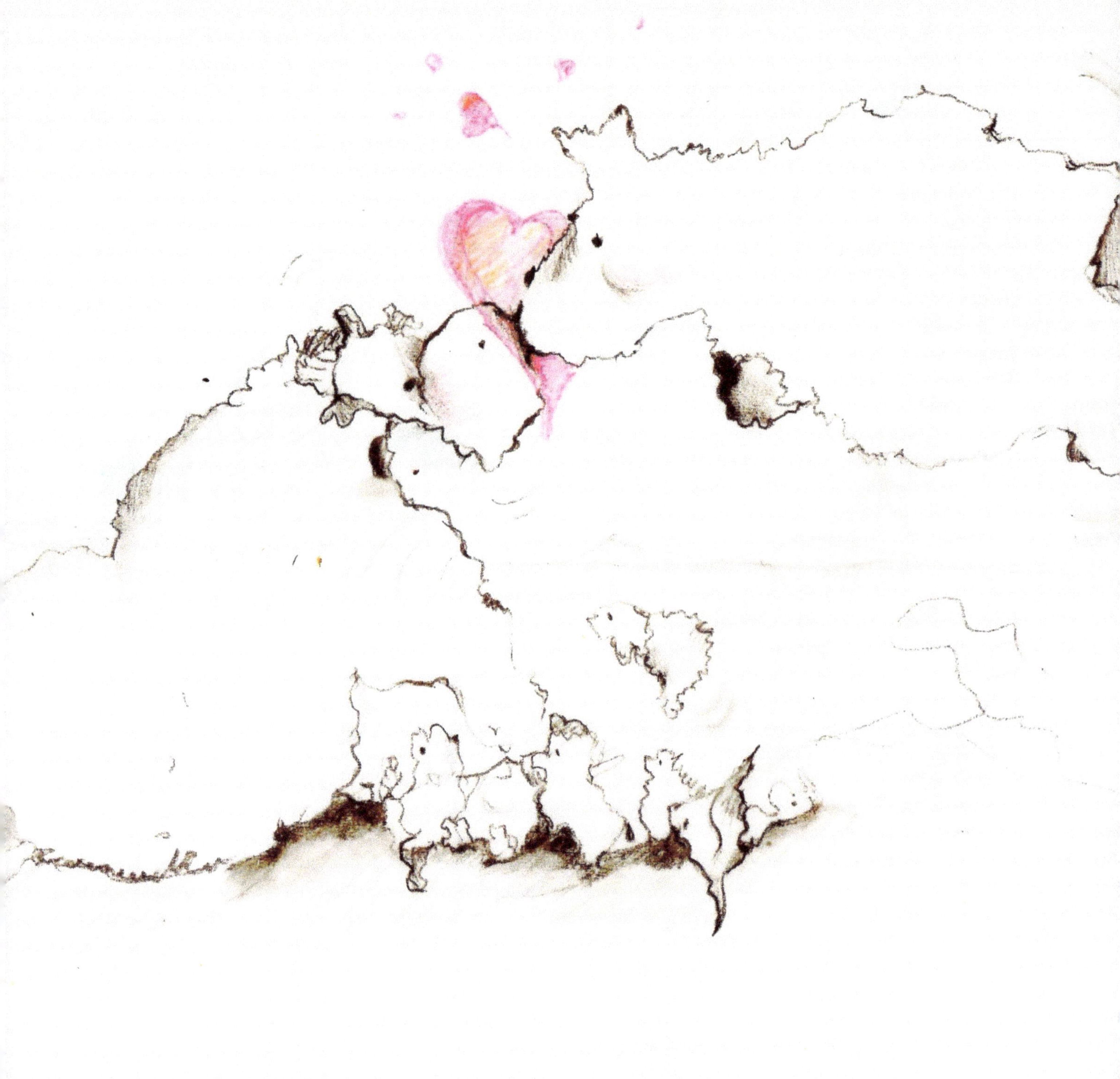

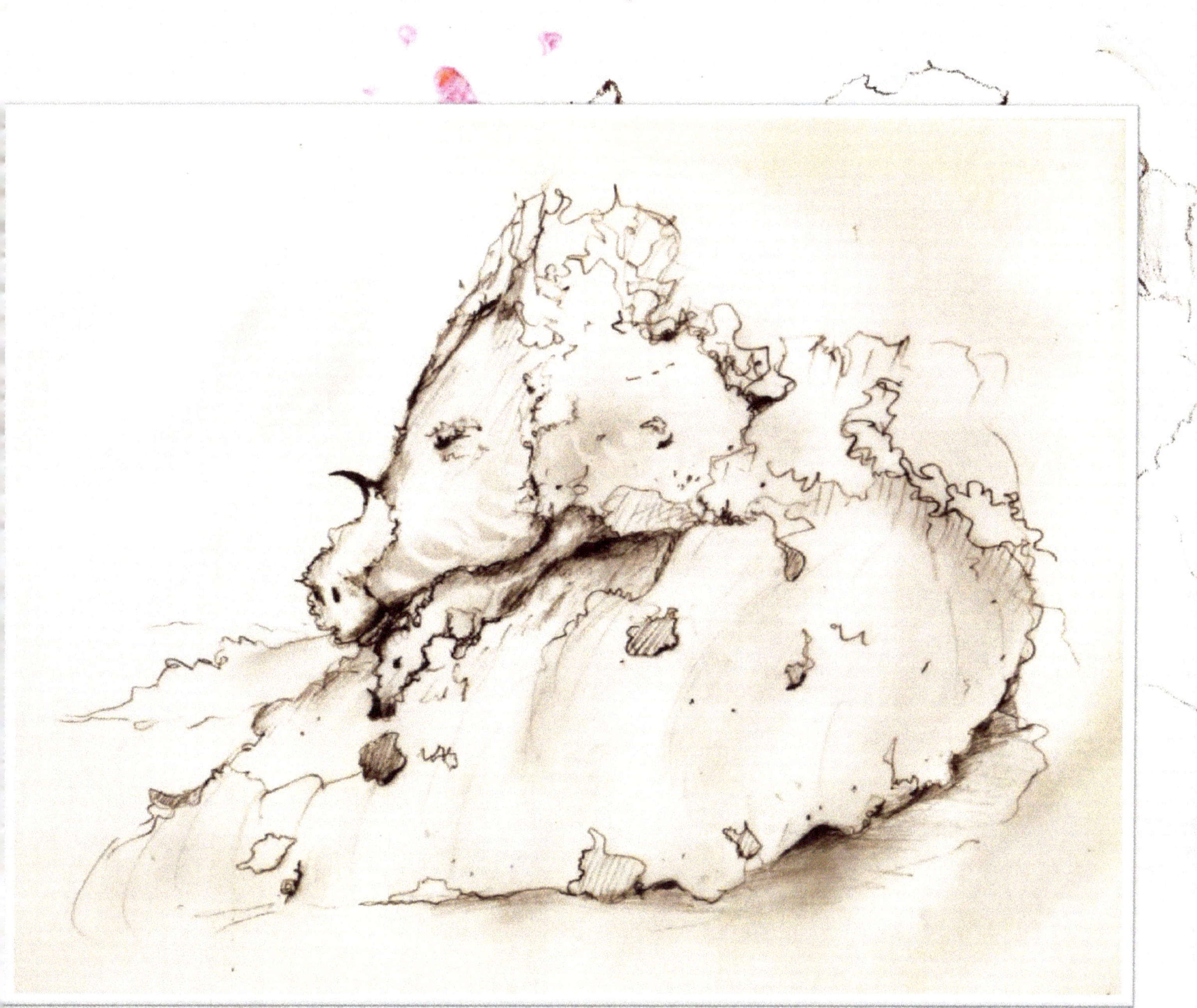

Il primo amico - *The first friend*

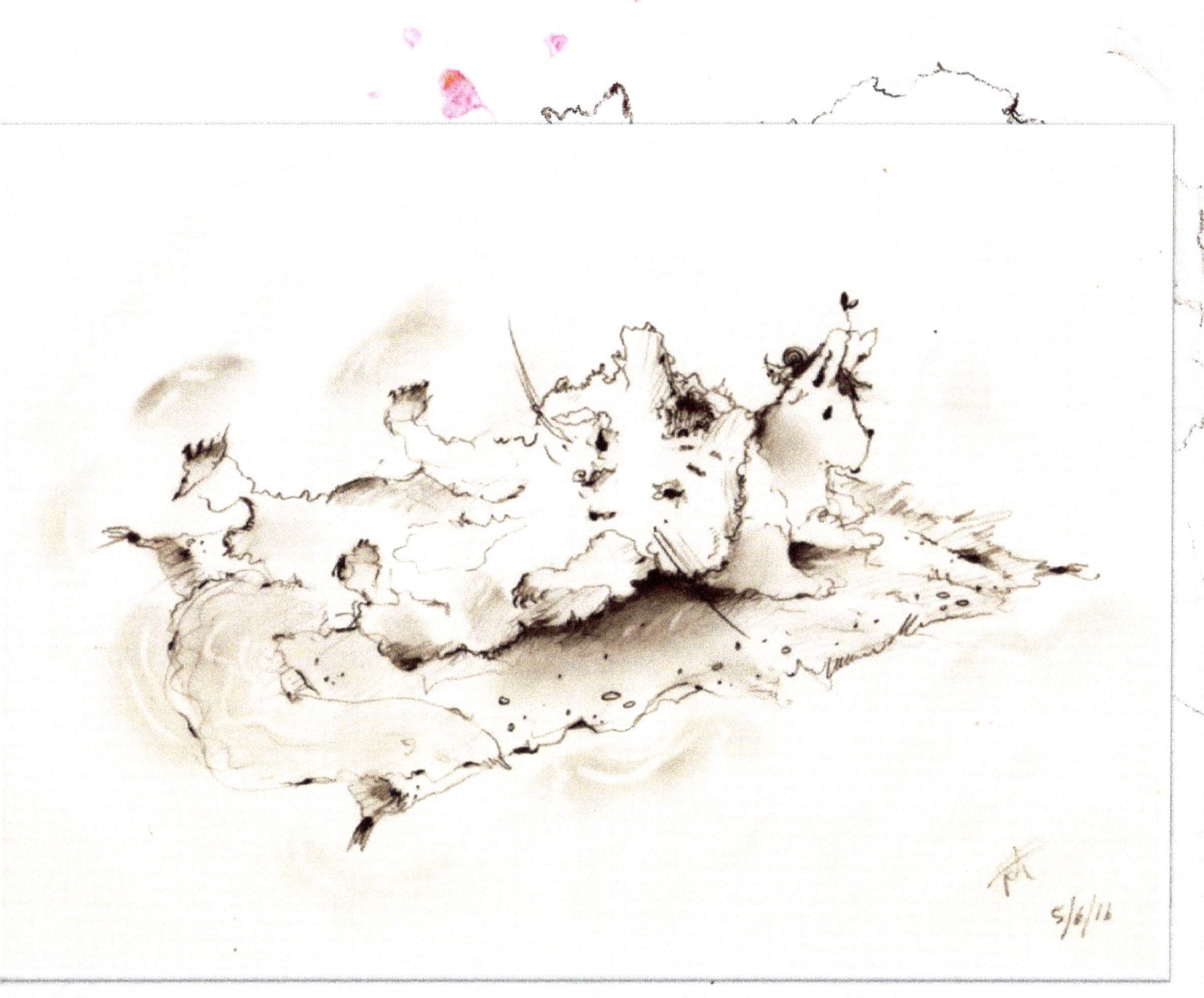

Viaggiare con gli amici - Travelling with friends

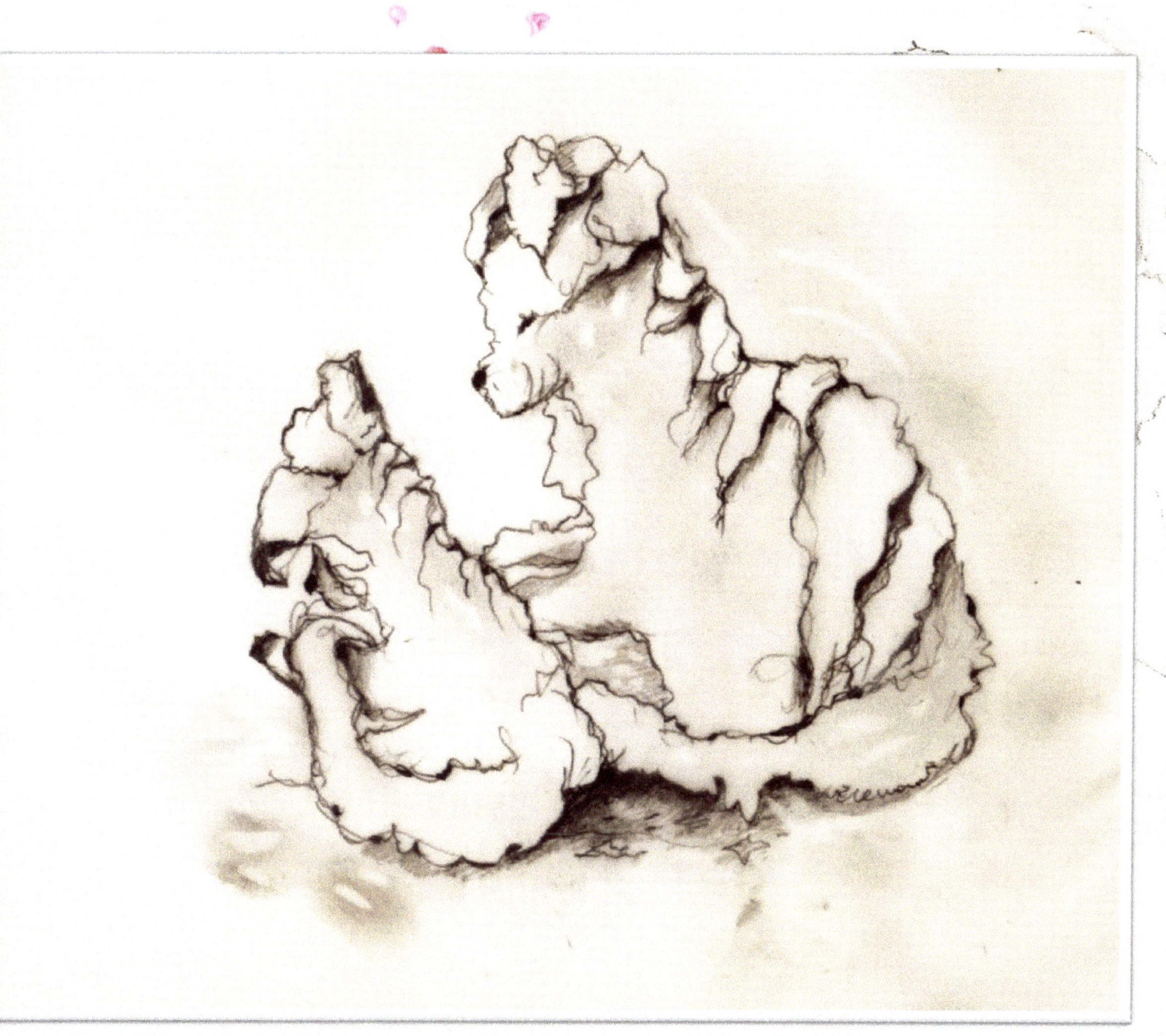

Un dolce rimprovero - A sweet reproach

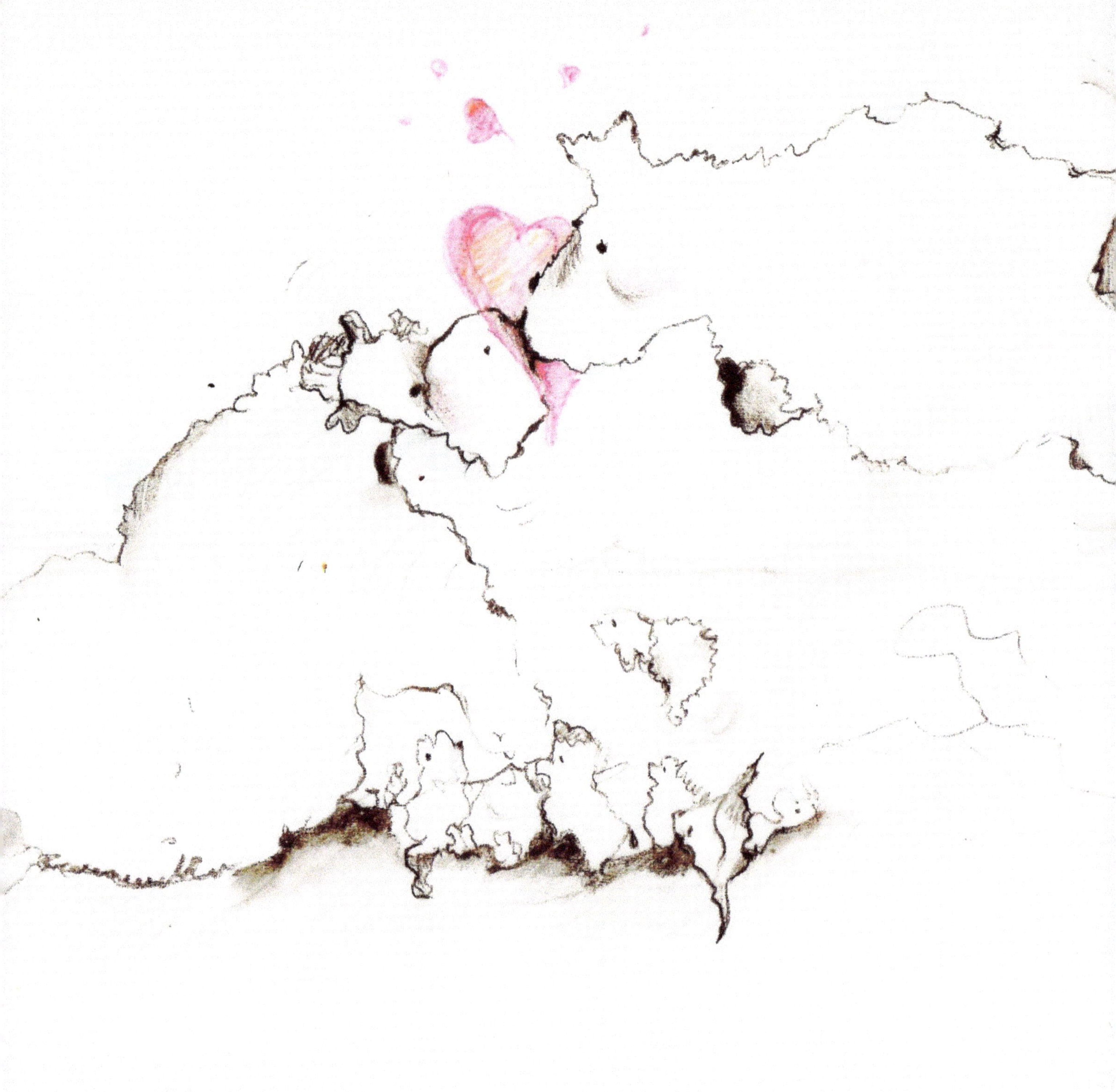

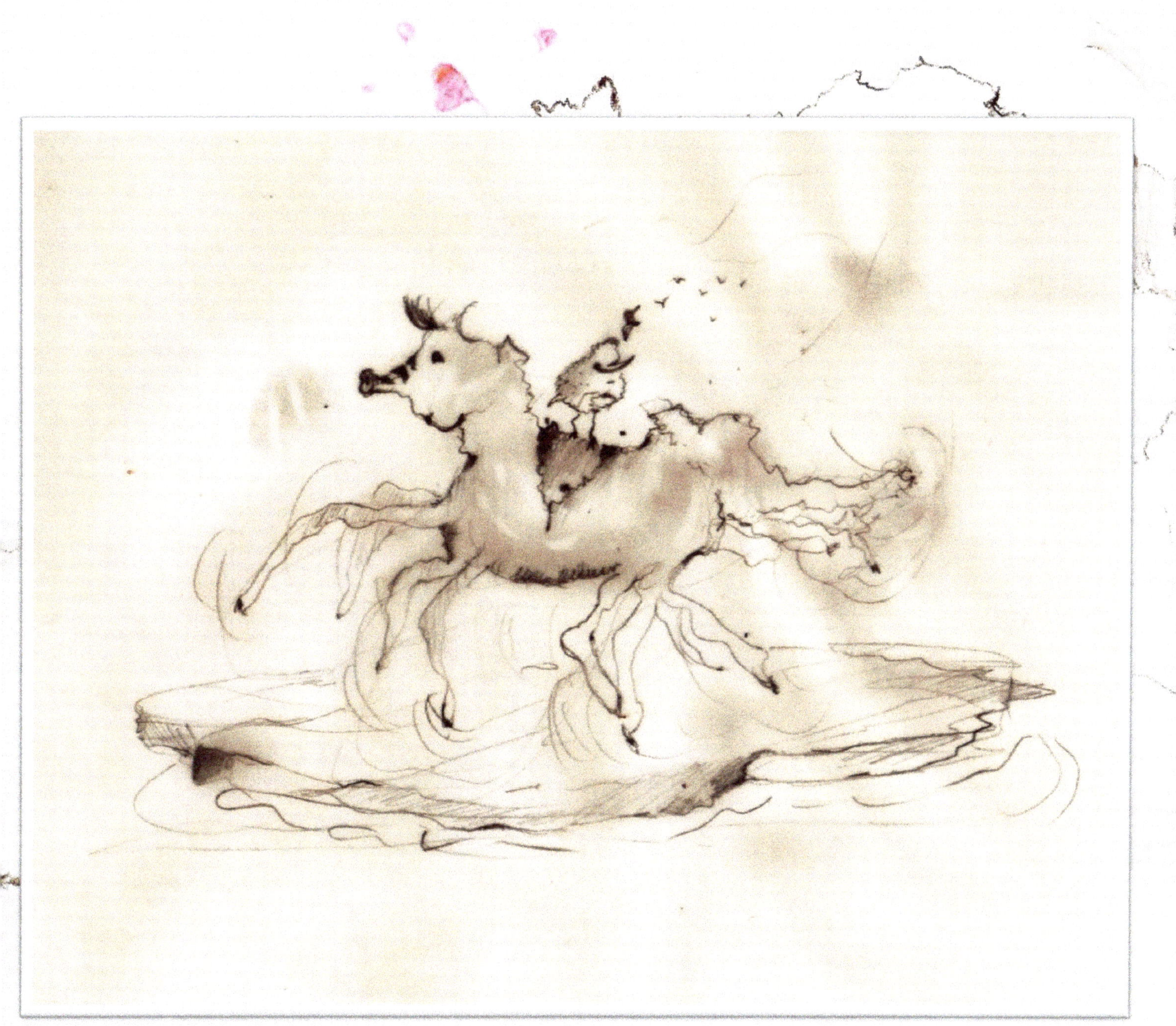

Sul ghiaccio - On ice

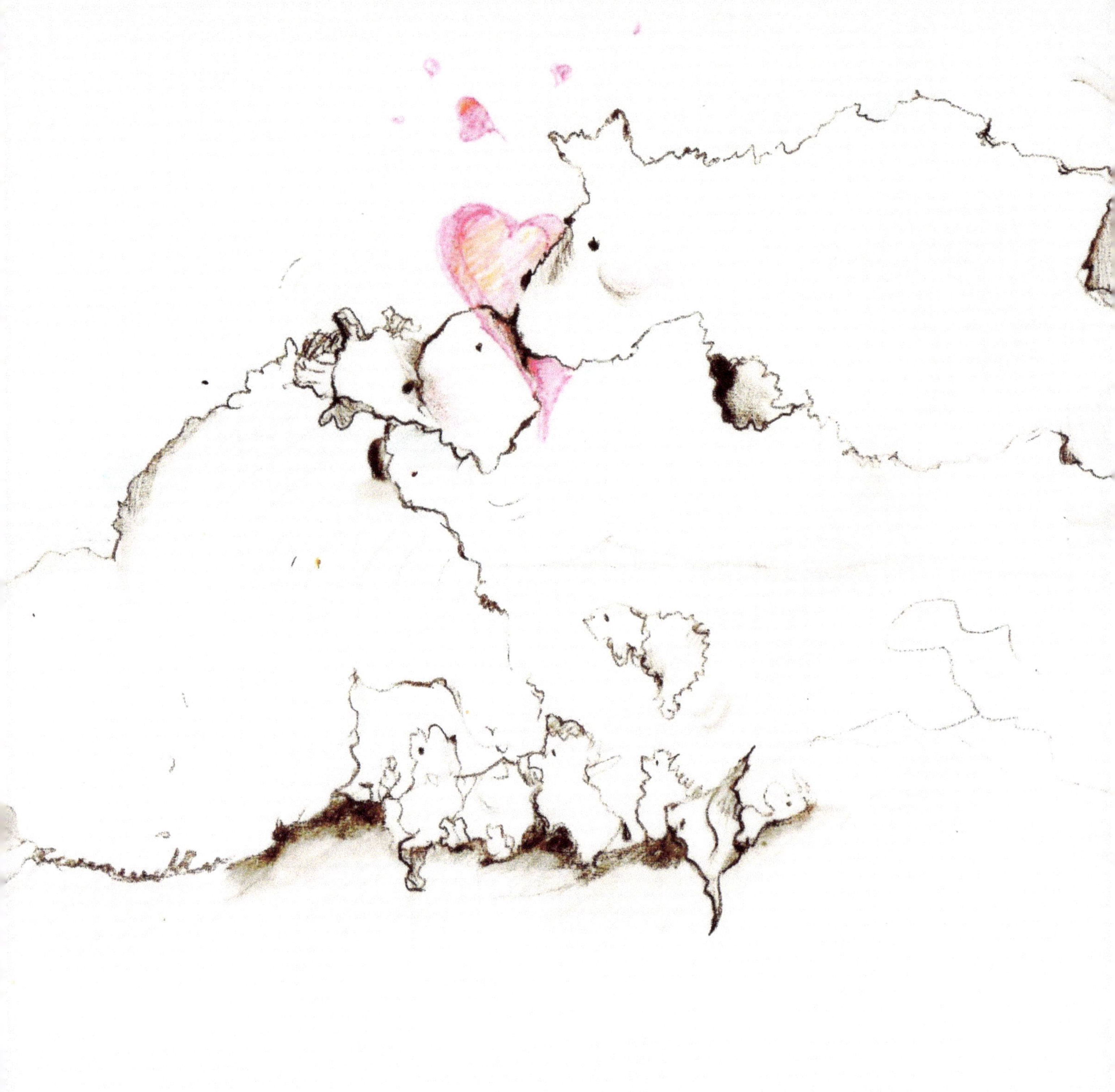

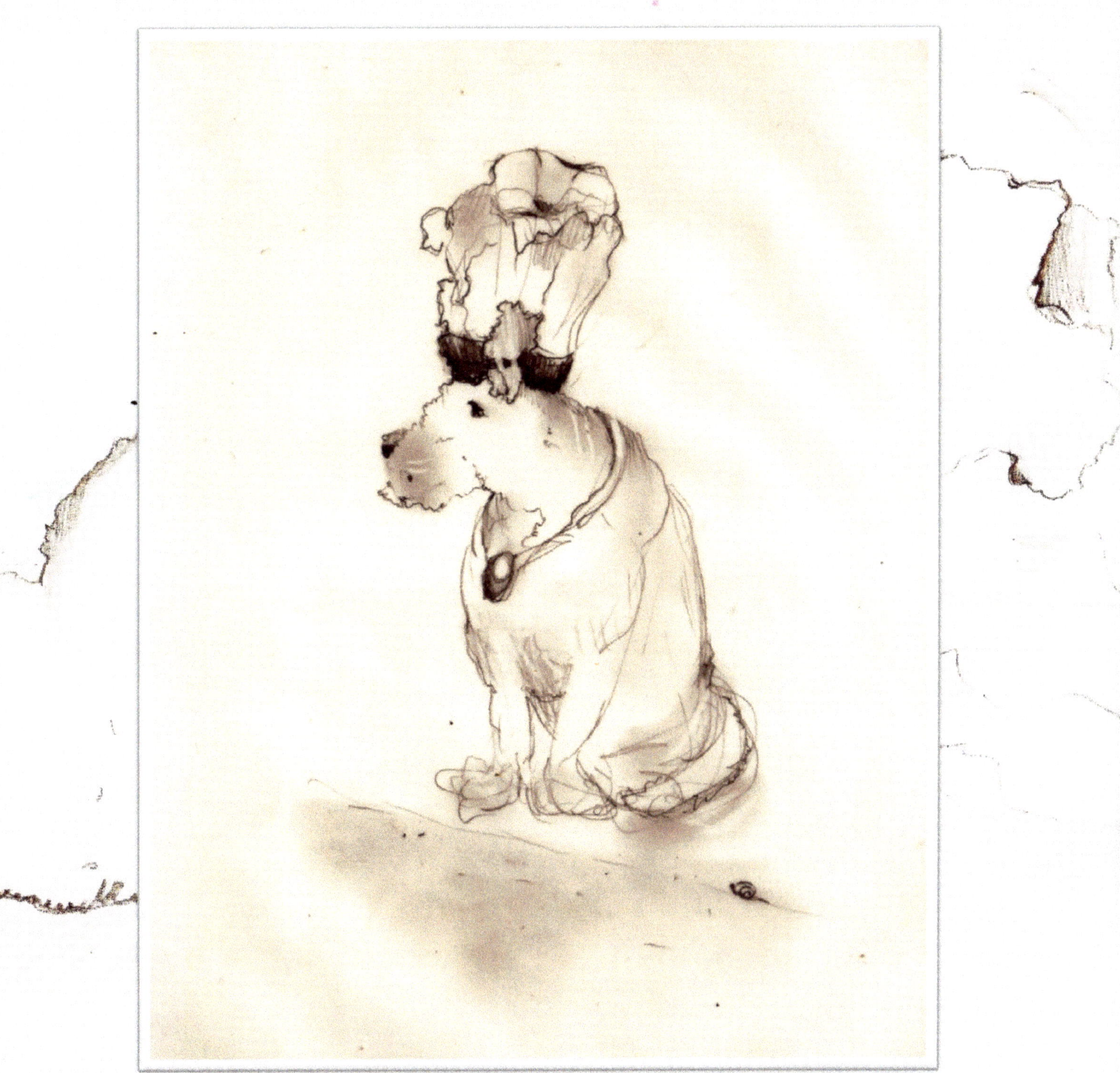

Chef Sigismondo - Chef Sigismondo

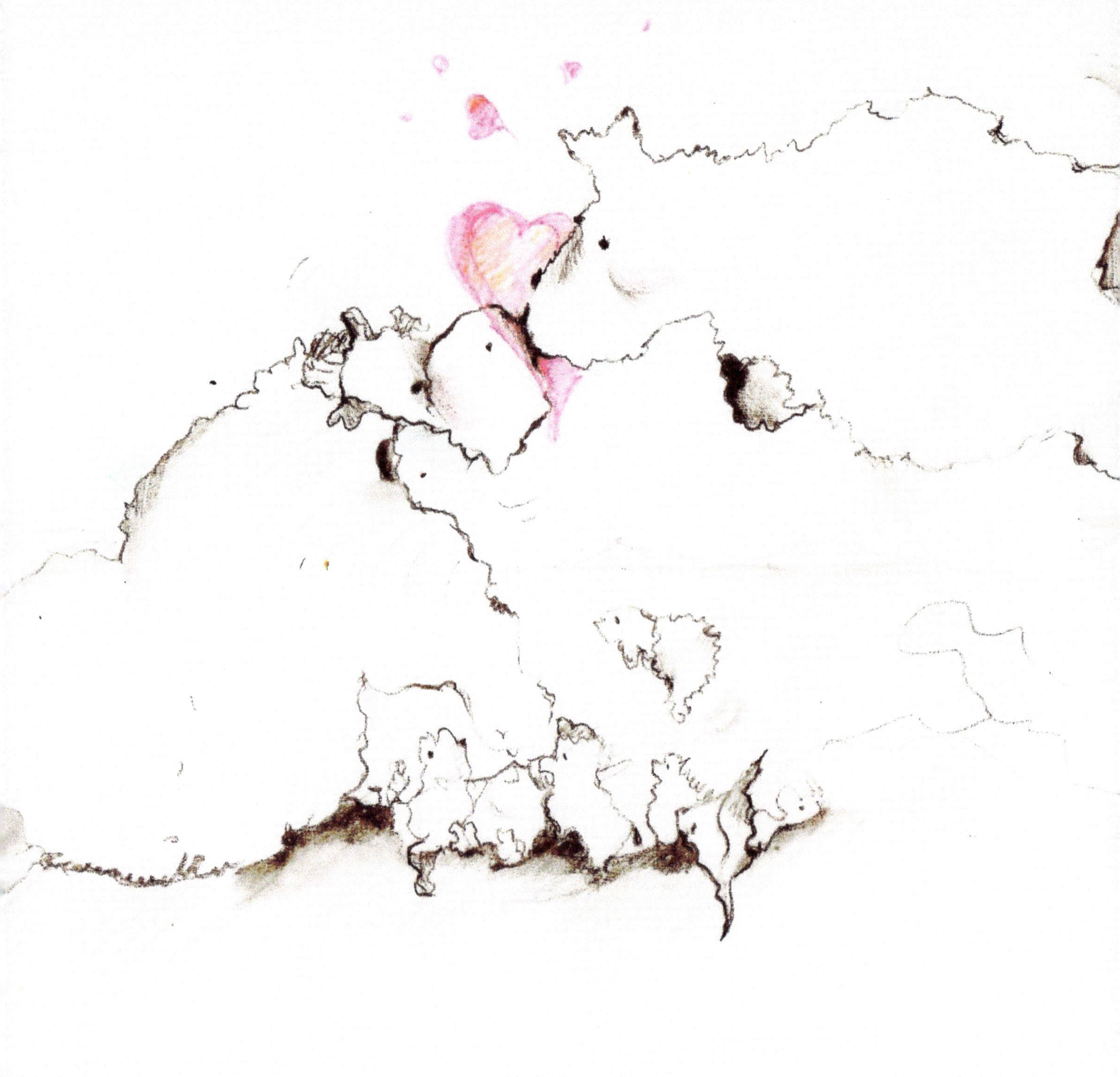

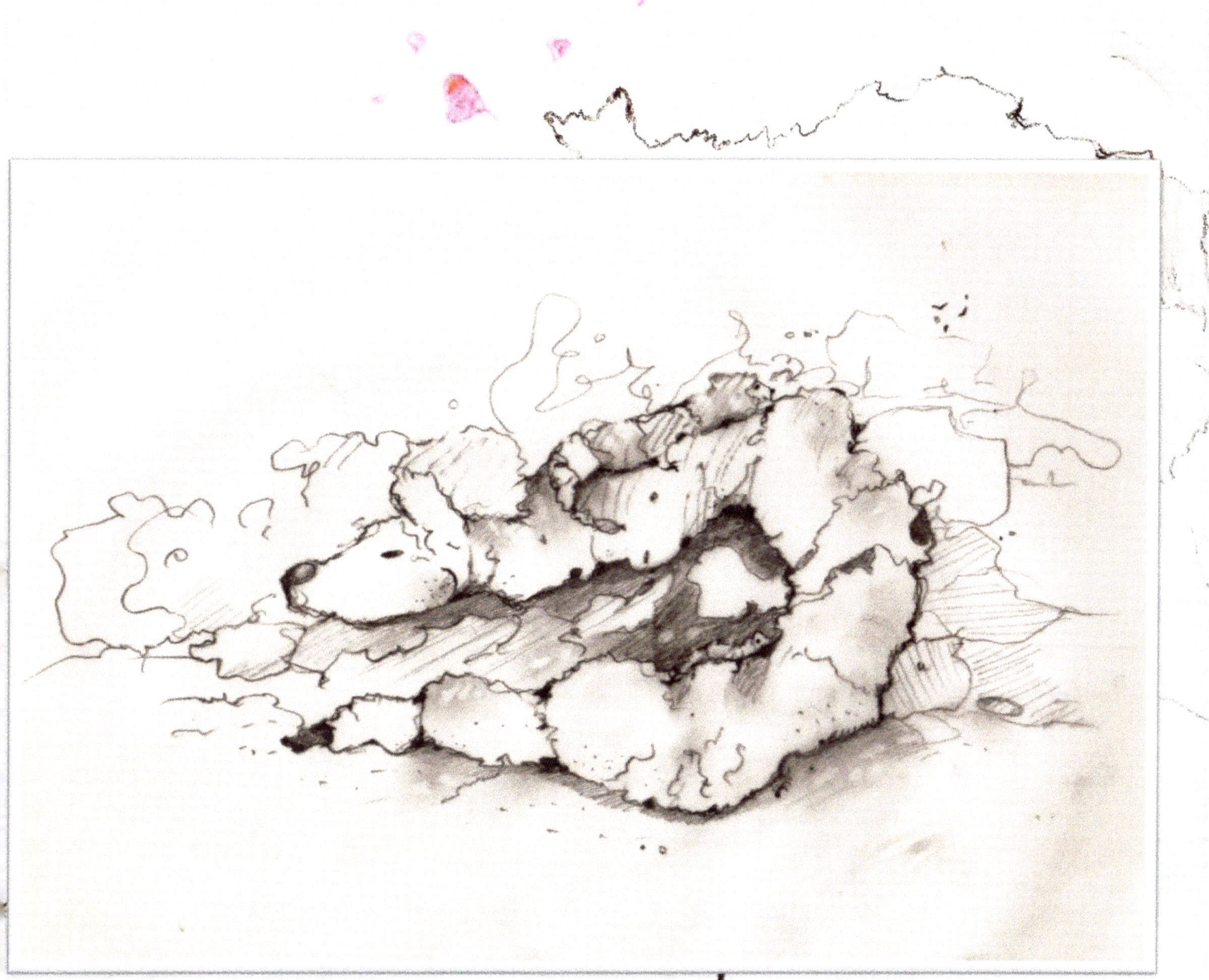

I cuccioli -   The baby

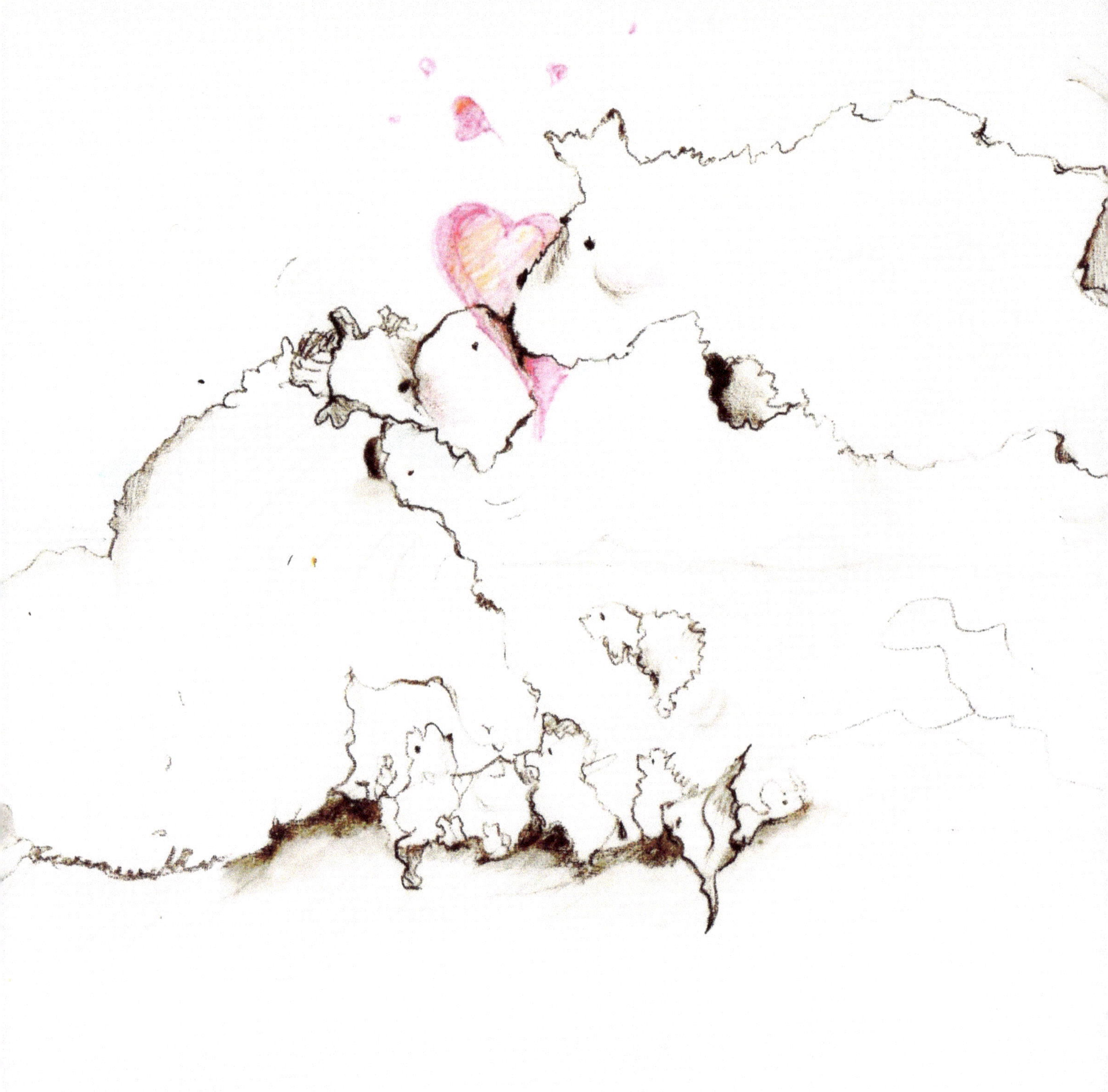

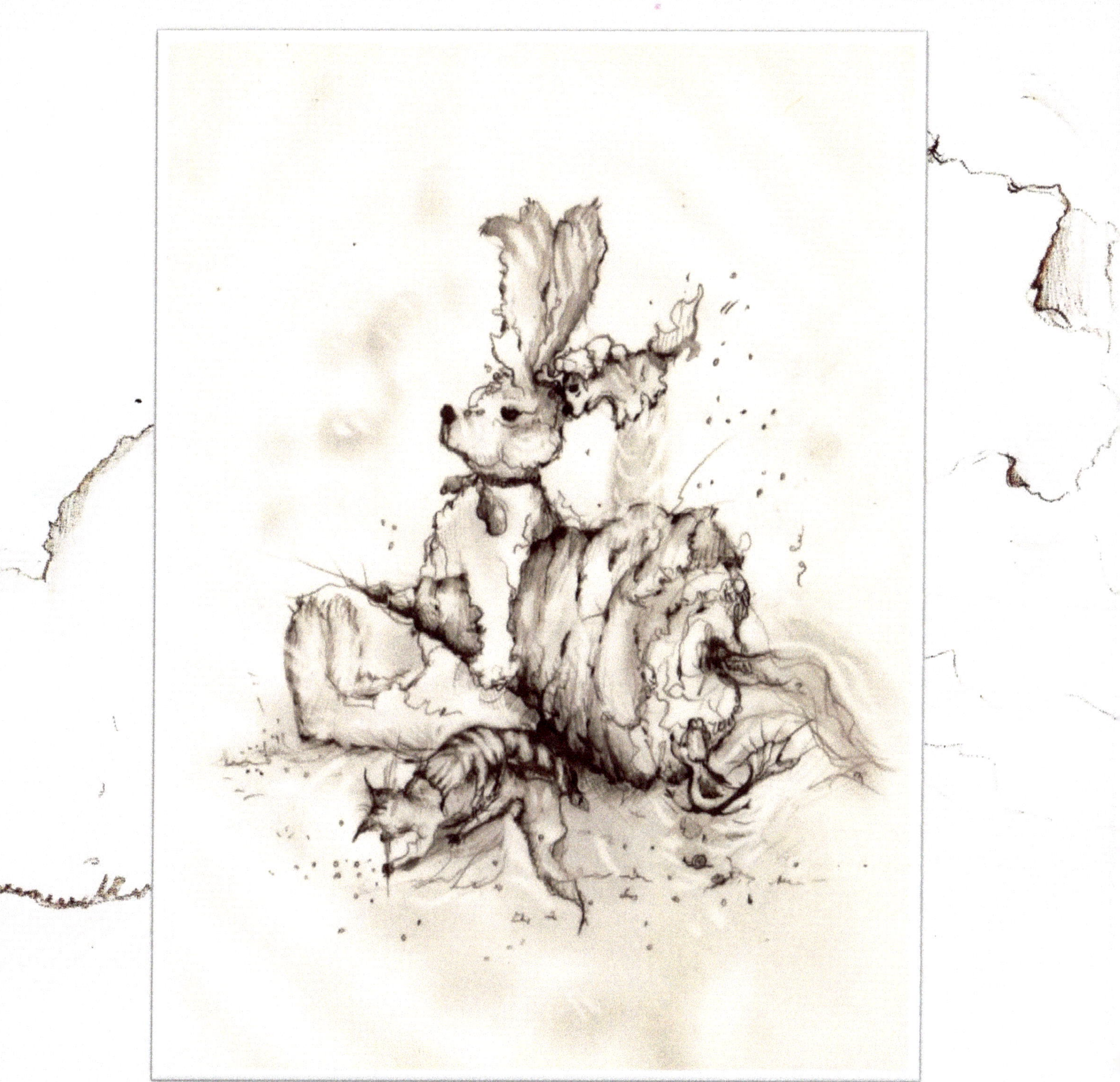

La carota - The carrot

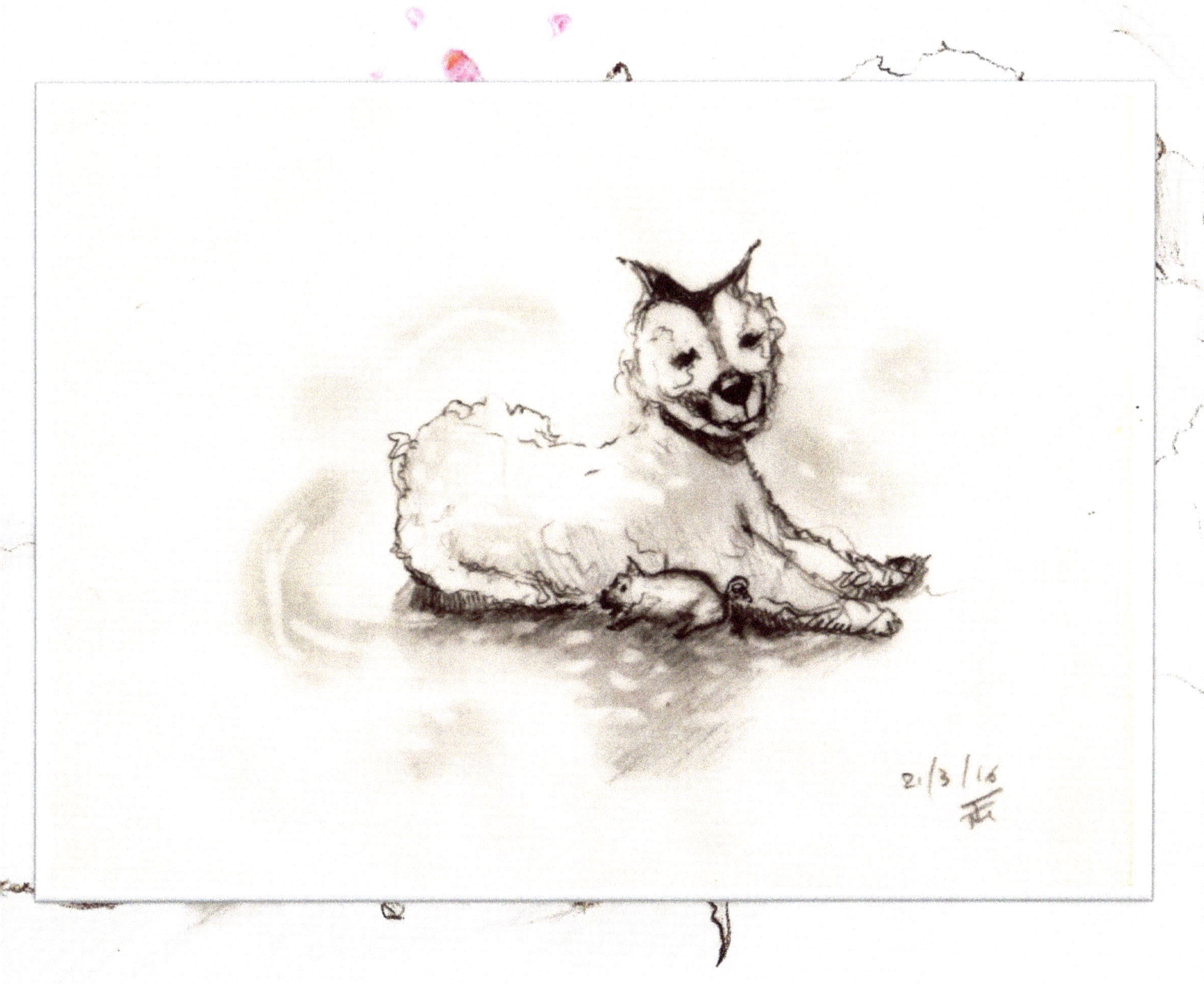

Il cane e il piccolo maialino - The dog and the little pig

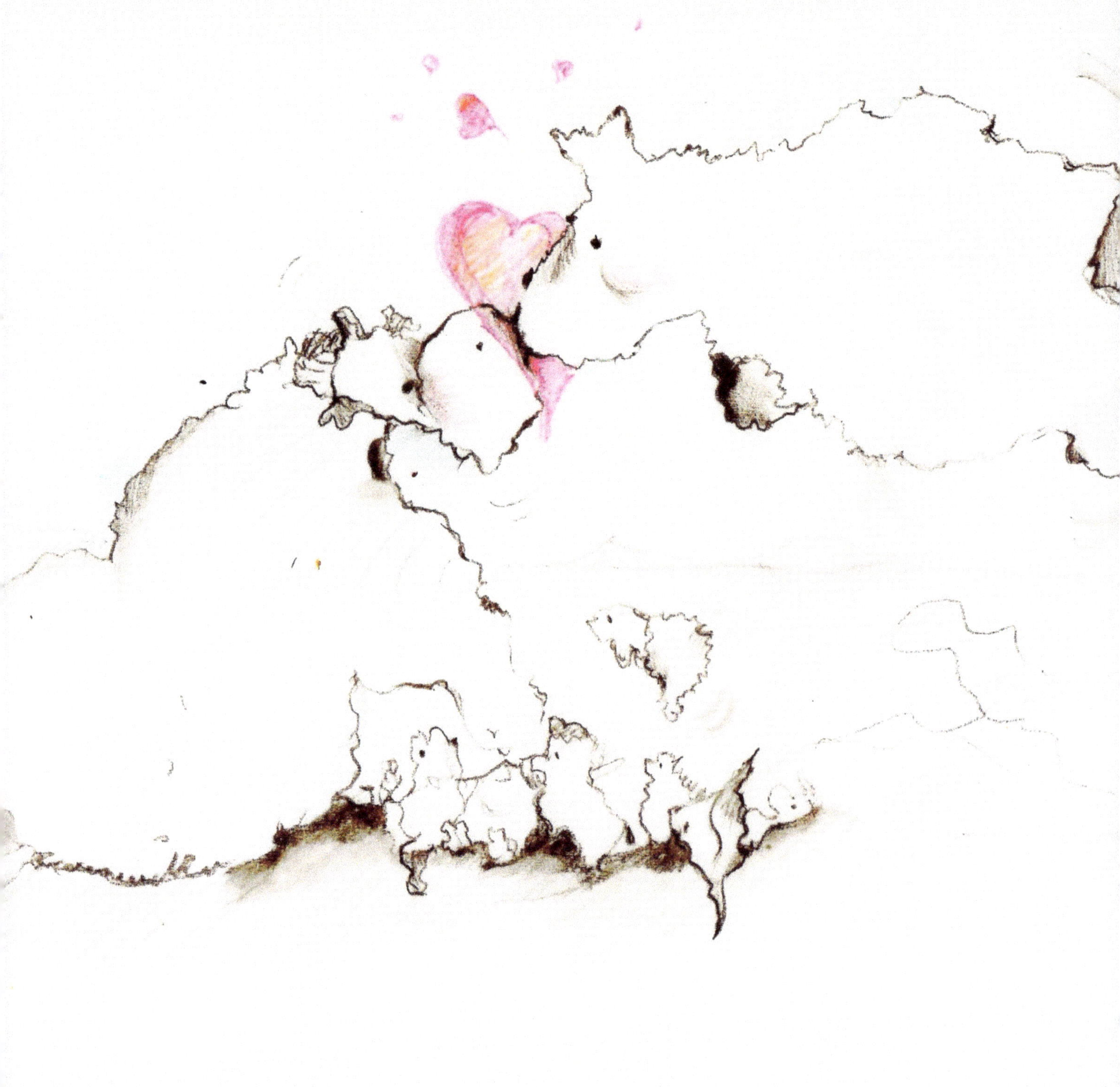

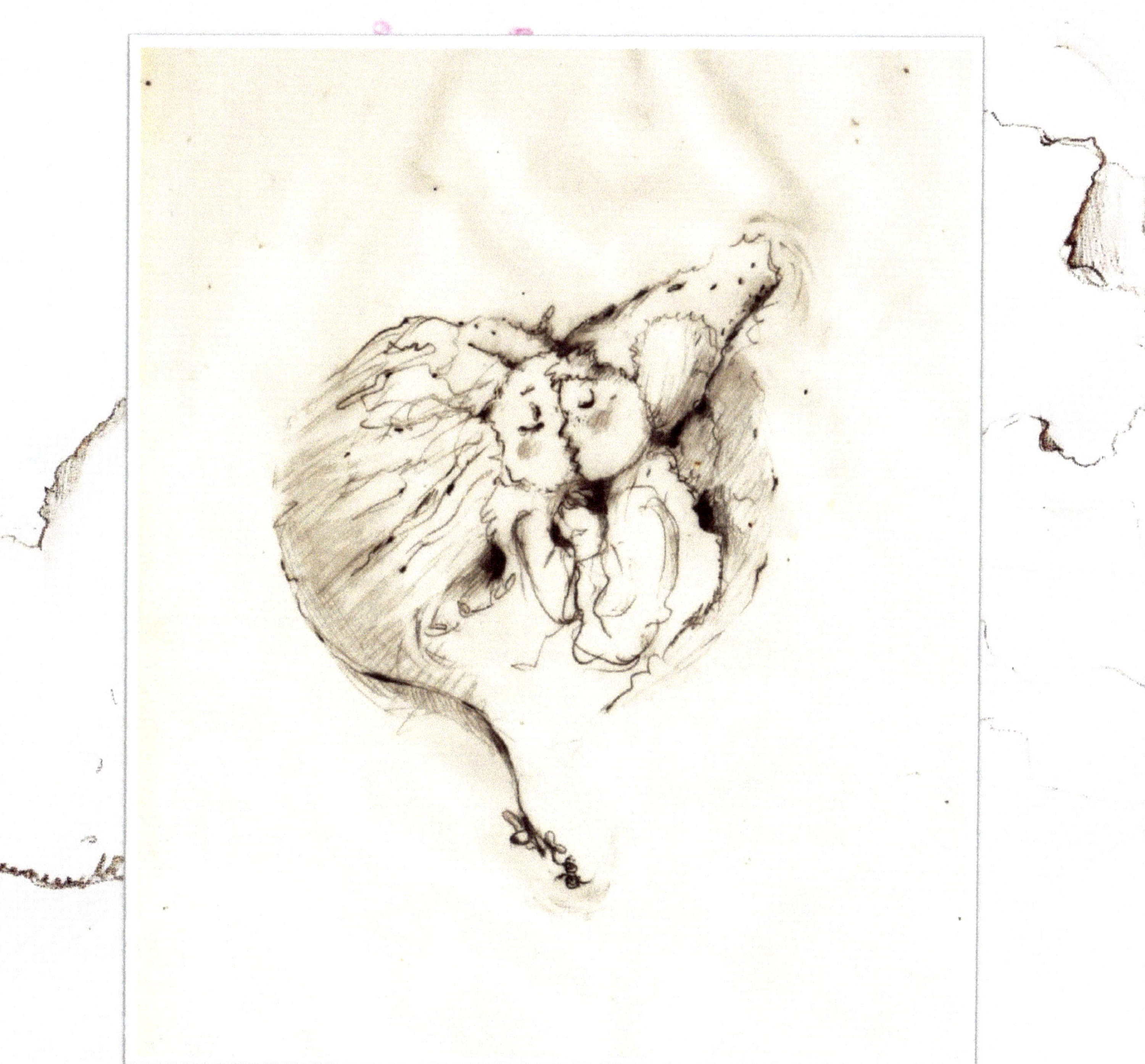

Amore - Love

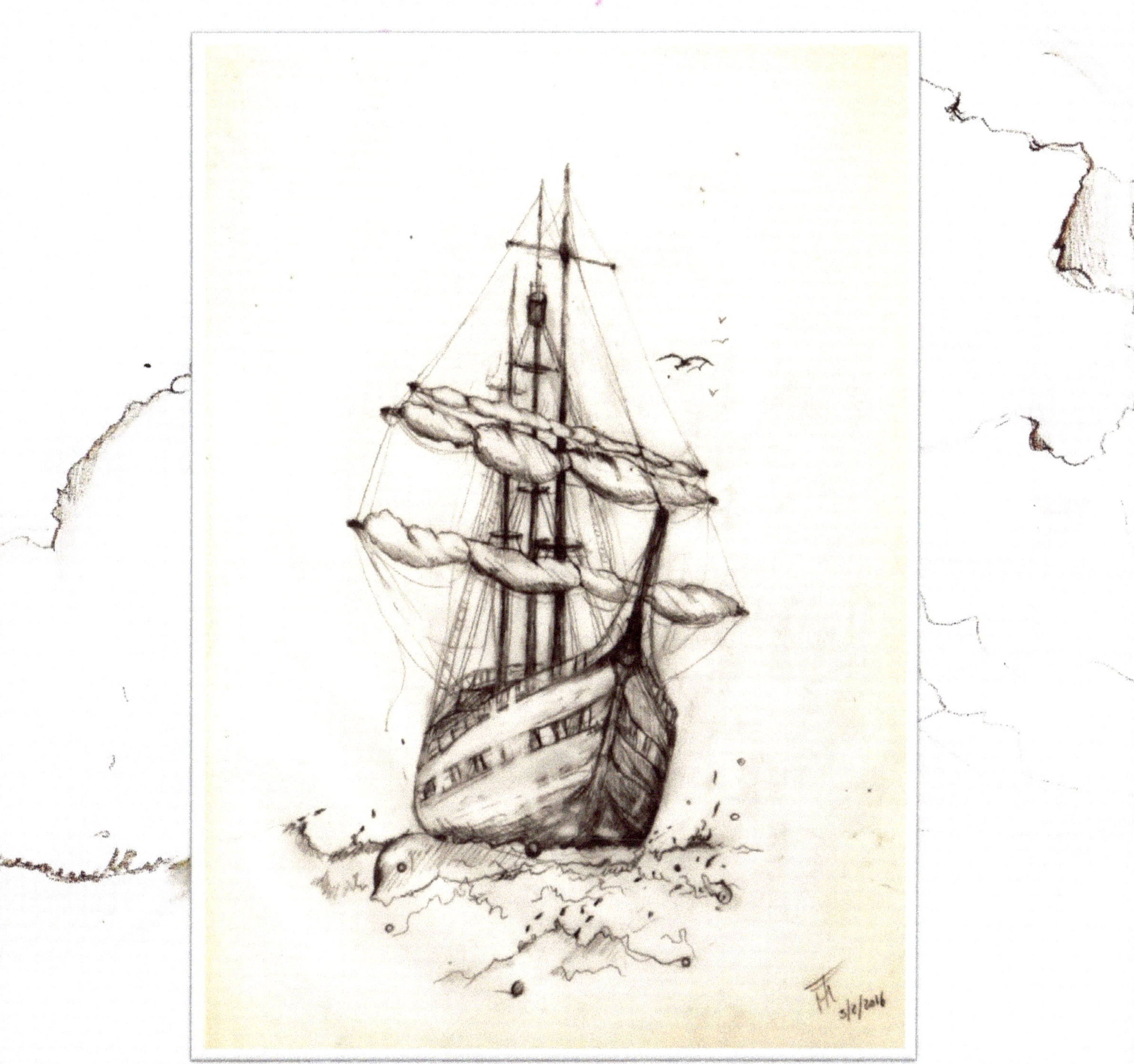

La Marigalante

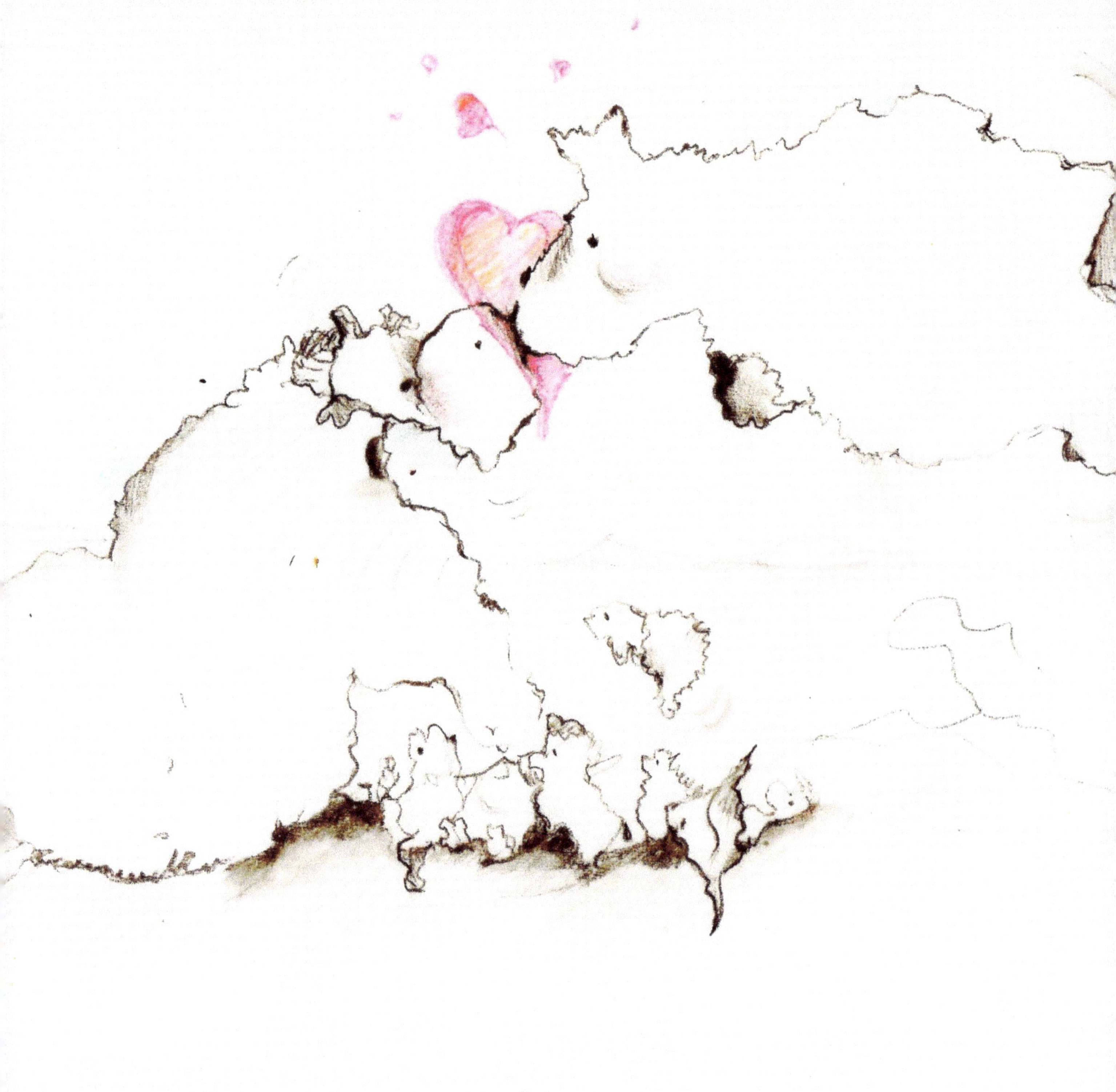

Biografia

Nata a Manerbio (BS Italy). Ho sempre vissuto sulle sponde meridionali del Lago di Garda. Ho iniziato a dipingere all'età di undici anni nel garage di casa a Desenzano del Garda. Negli anni non ho mai abbandonato la mia passione e ho partecipato a diverse mostre ed estemporanee nel territorio lombardo. Amo scrivere racconti e fiabe per bambini arricchendole con i miei disegni.

Artista autodidatta – self-taught artist

Vive e lavora a Lonato del Garda (BS), Italia

She lives and works in Lonato del Garda (BS), Italy

teresa.trec@gmail.com

mariateresatreccani.altervista.org

instagram: mariateresatreccani_artetmt

pagina fb: Artetmt di Maria Teresa Treccani

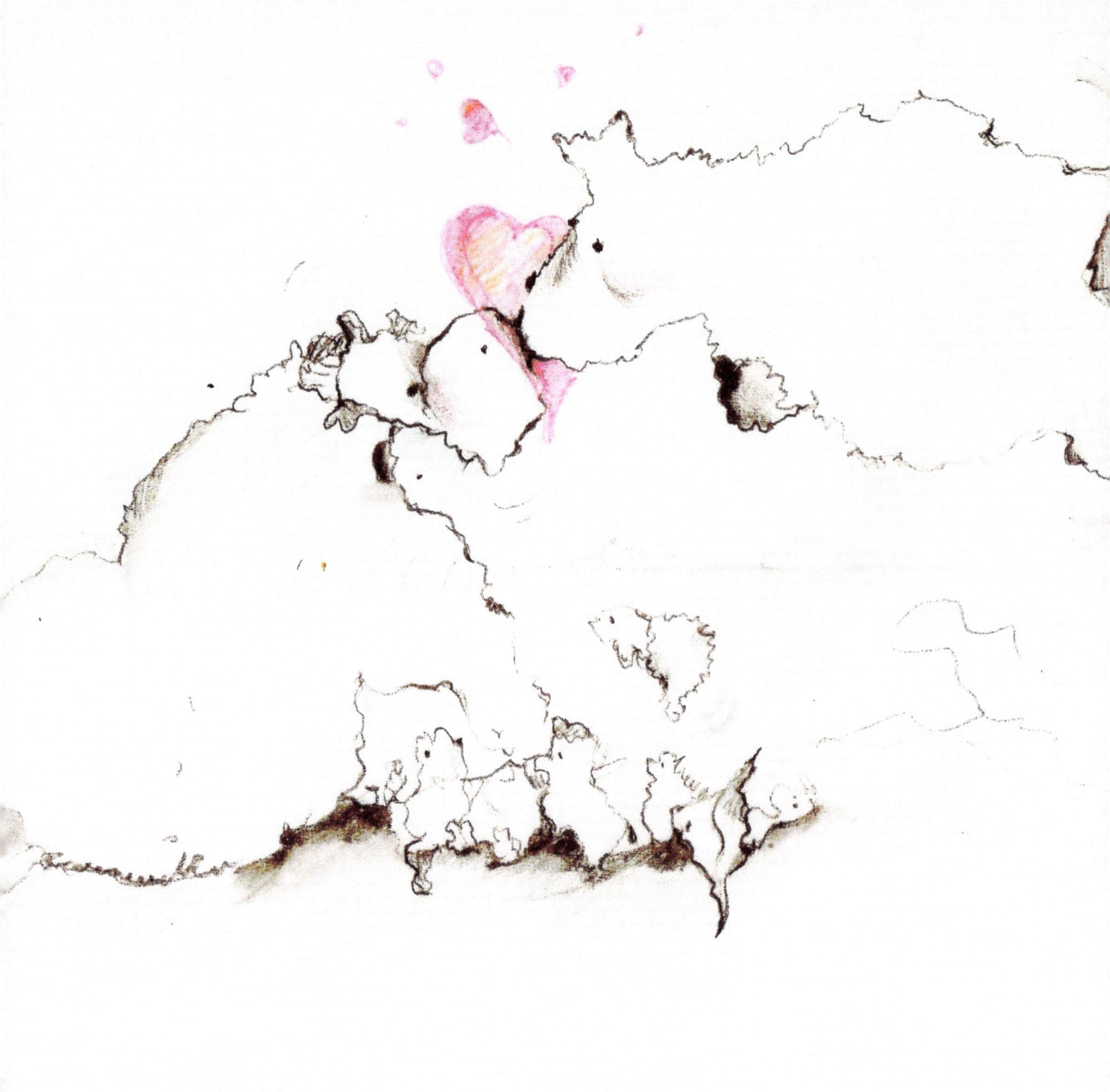

www.ingramcontent.com/pod-product-compliance
Lightning Source LLC
Chambersburg PA
CBHW040403240726
48664CB00013B/1720